Schölzel, Seelmann · Rumkriegen!

Rumkriegen!

Wie erfolgreiche Menschen
kommunizieren und verführen

Christian Schölzel
André Seelmann

Über die Autoren

Christian Schölzel, promovierter Historiker, Autor, Kurator und Gründer des Geschichtsbüros Culture and more, lebt in Berlin sowie in Dänemark.

André Seelmann, Medienwissenschaftler, Markt- und Sozialforscher und Autor, lebt in Hamburg sowie auf Mallorca.

Erste Auflage 2022
Originalausgabe

© Christian Schölzel und André Seelmann

Herstellung und Verlag: BoD - Books on Demand, Norderstedt
Satz, Cover und Fotobearbeitung: Andreas Vogel

Die Deutsche Nationalbibliothek verzeichnet diese Publikation in der Deutschen Nationalbibliografie; detaillierte bibliografische Daten sind im Internet über http://dnb.dnb.de abrufbar.

Printed in Germany

ISBN 978-3-75573-652-3

Inhalt

Intro

Wir benötigen Kommunikation im Privaten, im Arbeitsleben, überall. Und wir kommunizieren, ob wir es beabsichtigen oder es vielleicht gerade gar nicht wollen. Paul Watzlawick sagte: „Man kann nicht nicht kommunizieren, denn jede Kommunikation (nicht nur mit Worten) ist Verhalten und genauso wie man sich nicht nicht verhalten kann, kann man nicht nicht kommunizieren."

So wie wir ohne viel Bewusstsein atmen, so kommunizieren und verhalten wir uns, zumindest einen großen Teil unseres Lebens, ziemlich automatisch. So sind wir eben, das ist Teil unserer Persönlichkeit, so meinen wir. Natürlich gibt es besondere Situationen, in denen unser Bewusstsein für unseren Auftritt und unsere Außenwirkung deutlich steigt, für das Bewerbungsgespräch, das erste Date oder eine Rede vor Publikum. Hierfür überlegen wir uns doch sehr genau, was wir sagen, wie wir uns anziehen und wie wir insgesamt wirken wollen. So wollen wir beim Date charmant und humorvoll rüberkommen, beim Bewerbungsgespräch dagegen eher kompetent und seriös. In jedem Falle wollen wir unsere gegenüber für uns gewinnen, Zustimmung erhalten, wir wollen sie oder ihn „rumkriegen".

„Rumkriegen!" ist kein Flirtratgeber für Spätpubertierende, sondern eine Sammlung von Portraits erfolgreicher Personen. Wie haben die es gemacht, was sind deren Geheimnisse und was können wir von diesen Beispielen lernen? Die zwanzig Kurzportraits in diesem Buch handeln von Leben und Werk – teils vergessener –

Prominenter, das auf unterhaltsame Weise in Erinnerung gerufen wird. Wie hingen ihre Methoden des Kommunizierens mit dem Erfolg zusammen?

Ganz unterschiedlich sind die biographischen Gewürzmischungen. Viele erfolgreiche Menschen sind Naturtalente, denen neben vielen anderen Dingen eben auch der öffentliche Auftritt fast immer perfekt gelingt. Andere müssen ihre Kommunikationsfähigkeiten erlernen und hart erarbeiten. Gute Kommunikation braucht ein gesundes Selbstbewusstsein – und Erfolg macht selbstbewusst. Das berühmte Problem, ob Huhn oder Ei zuerst da waren. Wir werden diese Frage nicht beantworten und auch nicht ergründen können. Wir haben einfach großen Spaß daran, den anderen, den Erfolgreichen zuzuhören, über deren Schulter und in deren Nähkästchen zu schauen und lassen Sie hiermit daran teilhaben. Das ist kein Lehrbuch der Kommunikation und auch kein Ratgeber, sondern ein bunter Blumenstrauß interessanter Leben, mit vielen Unterschieden, aber auch Gemeinsamkeiten. Immer wieder tauchen die folgenden Begriffe auf: Willen, Herz, Geist, innere Freiheit, Einsatz moderner Technik, der historische Kairos sowie Beharrlichkeit.

Rudolph Moshammer

Modedesigner und Autor (1940 bis 2005)

„Sie sind ein ganz besonderer Mensch! Glauben Sie mir."

Es ist dieses sanfte Oberbayerisch, welches – wechselseitige österreichisch-bayerische Nickeligkeiten hin oder her – für das ungeübte Ohr eine fast elegant singende Wiener Melodie anzunehmen scheint. Moshammer sprach es. Als Modezar von München verkörperte er auch im Kleidungsstil die Eleganz eines Sonnenkönigs und war Teil des Jetsets der Isar-Metropole.

Der alte Spruch, hinter jedem erfolgreichen Mann stünde eine starke Frau, gilt im Grunde auch für Rudolph Moshammer. Von seiner Mutter her, „der Mama", erklärt sich alles. Neben Else Moshammer durfte es keine andere Göttin geben! Sie war der Motor allen Geschehens. Ihr Geschöpf war „Mosi". Als Homosexueller hatte er kein Interesse an Partnerschaften mit Frauen.

Moshammer wird 1940 in München geboren. „Ramma damma; ramma der i!" Räumen tun wir, räumen tue ich! Das war die Losung der Münchner, die ihre kriegszerstörte Stadt wieder aufbauten. Moshammers Jugend war zunächst geprägt vom Wirtschaftswunder. Der Vater sicherte der Familie als leitender Angestellter einer Versicherung ein bürgerliches Auskommen.

Mitte der 1950er Jahre jedoch verlor er seine Arbeit – und fand keine neue. Das Familienoberhaupt versuchte aus sozialer Scham, alles zu vertuschen. Er verfiel dem Alkohol. Mutter und Sohn fühlten sich vom betrunkenen Moshammer bedroht. Die Gefahr der Obdachlosigkeit kam auf.

Moshammer und seine Mutter schafften es.

Vom einfachen Einzelhandelskaufmann gelang Rudolph Moshammer der Aufstieg zum Inhaber eines Modehauses – an der schicken Maximilianstrasse, unweit der Oper.

Beharrlichkeit, kaufmännisches Geschick, die Unterstützung von Geldgebern, 1968 eröffnete er die Boutique „Carneval de Venise".

Das Geschäft wurde sein Leben. Gerd Käfer lieferte zur Eröffnung die Delikatess-Häppchen. Der Ton war gefunden und nun kamen sie alle: der schwedische König Carl XVI. Gustaf, Roberto Blanco, José Carreras, Friedrich Karl Flick oder Thomas Gottschalk. Münchner Bussi-Bussi-Szene meets Jetset: „Mosi" bot die Bühne ... ein Cross-Marketing für Geld und Eitelkeiten.

Eine Ware mochte hochwertig oder gewöhnlich sein und Geschmäcker sind bekanntermaßen verschieden. Doch „Mosi" gab die Richtung vor. Die rokokoartige Inszenierung, gleichsam der Hof, zu dem man Zugang erhielt, schuf die Bühne.

Ein Kunde betrat den Laden nahe der Oper und wurde von Moshammer zum Strahlen gebracht: „Sie sind ein ganz besonderer Mensch!" Kleider machen Leute. Sie schaffen oder unterstreichen Habitus. Moshammer wusste dies und schneiderte den Menschen, die zu ihm kamen, die Sonne auf den mehr oder weniger wohl geformten Leib.

Ausgehend von den Erfahrungen in der Jugend und vielleicht nicht ganz ohne Blick auf sein Image als Geschäftsmann unterstützte Moshammer Obdachlose und Alkoholiker, die „trocken" werden wollten. Er unterstützte eine Einrichtung für Suchtbekämpfung und widmete den Obdachlosen von München viel Engagement und Geld. Die von Nichtsesshaften wesentlich mit gestaltete und vertriebene Münchner Straßenzeitung „Biss" erfuhr viel Hilfe von Moshammer. Im Jahr 2000 gründete er die Stiftung „Licht für Obdachlose".

Moshammer kannte nicht nur den Weg in die Herzen der Münchner Schickeria, er vermochte es, auch mit den Medien auf charmante Weise zu flirten.

Gerne präsentierte er sich in kleineren Rollen in Filmen, Theaterstücken oder Werbespots. Sogar in der Vorauswahl zum Eurovision Song Contest schien er zeitweilig die deutsche Antwort auf den US-Showstar Liberace zu sein.

In späteren Jahren verstand „Mosi" es, seine selbst kreierte Marke zu pflegen und zu popularisieren. Hierzu zählten barocke Auftritte bei öffentlichen Veranstaltungen, die zur Schau gestellten Rolls-Royce-Limousinen – und natürlich Hündchen „Daisy", ein Yorkshire

Terrier (genauer: vier Weibchen in Folge), die alle denselben Namen erhielten.

Moshammer inszenierte sich mit seiner Haarpracht als eine stets wieder erkennbare Mischung aus dem von ihm verehrten bayerischen König Ludwig II. und einem barocken Fürsten. Für die Marke Moshammer sollte aber auch nicht das Auftreten von Else Moshammer unerwähnt bleiben. Sie fügte sich ästhetisch ein, war Herrscherin-Mutter und trug stets violette Haare.

Mutter Else trieb ihren Sohn zu immer neuen beruflichen Erfolgen an. Er sakralisierte sie bis hin zum Mausoleum auf dem Münchner Ostfriedhof.

Moshammer selbst wurde 2005 ermordet und fand seine letzte Ruhe an der Seite seiner Mama.

Der Wunsch nach „Heilung" des sozialen Absturzes, die Suche nach Mutterliebe: Sie trieben Moshammer an. Wie „kriegte" er Menschen „rum"? Er verstand sich auf die soziale Klaviatur von Milieus, er war ein Netzwerker und gab den meisten Menschen das Gefühl, etwas „ganz Besonderes" zu sein.

Warren Buffett

Investor und Unternehmer (1930 geboren)

Warren Buffett ist einer der größten, manche würden sagen *der* größte, Investoren aller Zeiten. Als Gründer und CEO der Investmentfirma Berkshire Hathaway hat er enorme Erfolge erzielt. Mit einem Startkapital von ca. 100.000 US-Dollar in den 60er Jahren wurde er, je nach jährlicher Berechnung, zum reichsten oder einem der reichsten Menschen der Welt.

Buffett hat keine Autobiografie geschrieben oder ein Buch über seinen Anlagestil veröffentlich. Es gibt lediglich ein paar Essays; zudem spricht er einmal im Jahr zu seinen Anlegern und Fans in Form seiner legendären „Letters to the Shareholders". Trotzdem ist Buffett omnipräsent, vor allem für jene, die irgendwann mal beginnen, sich mit Aktien zu beschäftigen. Sie kommen kaum um ihn herum. Es gibt unzählige Bücher über sein Leben, seinen Werdegang und seine Investmentprinzipien. Auf letzteren liegt natürlich der Fokus, Neueinsteiger und erfahrene Anleger wollen gleichermaßen vom Großmeister lernen. Buffett erscheint heute als charmanter „Business-Opa", der die Komplexität der Geldanlage eloquent und mit witzigen Kommentaren gespickt weitergibt. Seine Businessratschläge erscheinen leicht verständlich, sind pointiert und oft witzig. Insgesamt hat Buffett eine einnehmende Persönlichkeit und man hört ihm einfach gern beim Reden zu. Dank YouTube sind wir in der Lage, Warren Buffett und seinem Denken sehr nahezukommen und von ihm zu lernen.

Artikel und Bücher über Buffett beschäftigen sich zumeist mit seinem Scharfsinn als Investor und seinem unglaublichen Wissen darüber, was Unternehmen erfolgreich macht.

Schon in seiner Kindheit und Jugend entwickelt Buffett unternehmerisches Interesse, von Beginn an mit dem klaren Ziel, Geld zu verdienen. So kauft er von seinem Großvater, der einen Lebensmittelladen hatte, paketweise Cola und Kaugummi. Letztere verkauft er einzeln und mit Profit weiter an seine Mitschüler, die Cola ebenso von Haus zu Haus. Mit elf Jahren kauft er seine erste Aktie und setzt sein Fahrrad von der Steuer ab, schließlich nutzt er das Rad geschäftlich, um damit am frühen Morgen die Zeitung auszutragen. Außerdem sammelt er Golfbälle in der Nähe von Golfplätzen und verkauft diese an die Plätze sowie die Spieler zurück und installiert drei Flipperautomaten in verschiedenen Friseursalons. Die Betreiber merken schnell, wie profitabel das Geschäft mit den Flipperautomaten ist und drängen den nerdigen Jungen aus dem Geschäft. Sie betreiben die Automaten nun selbst.

Warren Buffett erscheint wie ein natürliches Business-Genie, und sicher ist da auch viel Wahres dran. Der frühe Buffett ist aber auch ein Außenseiter, ein zum Teil bizarrer, altkluger Junge, der sich lieber mit Erwachsenen unterhält als mit seinen Altersgenossen, aus dem es beim Sprechen nur so raussprudelt, der aber nicht immer merkt, wenn es anderen damit zu viel wird und ihnen direkt auf die Nerven geht. Er legt kaum Wert auf sein Äußeres, trägt vollkommen abgelaufene Sneakers, ist sportlich aber wenig erfolgreich, was ihn allerdings auch nicht wirklich interessiert. Im späteren Leben darauf angesprochen, dass er so wenig Wert auf seine Kleidung legen würde, sagte er mit seinem typischen Buffett-Understatement: „Ich trage teure Anzüge, sie sehen an mir nur billig aus."

Buffett ist in seinen frühen Jahren noch nicht der brillante Kommunikator, als den wir ihn jetzt, aus den ungezählten Interviews und TV-Dokumentationen und natürlich vom Woodstock der Kapitalisten, also der einmal im Jahr in Omaha, Nebraska, stattfindenden Berkshire Hathaway Jahreshauptversammlung, kennen. Zehntausende Anleger und Fans pilgern jedes Jahr dorthin. Hier beantwortet Warren Buffett stundenlang, zusammen mit seinem Partner Charlie Munger, Fragen des Publikums. Die Leichtigkeit und Schlagfertigkeit, die er dort an den Tag legt, wurden ihm, anders als sein genuines Interesse für Geldanlage und Unternehmertum, nicht in die Wiege gelegt. Er hat jedoch früh erkannt, dass er, wenn er als „Money-Manager" das Geld anderer Leute anlegen möchte, ohne vernünftige Kommunikationsfähigkeiten nicht auskommen würde. Sein ganzer Auftritt, sein Stil und seine Art zu kommunizieren, brauchte nach seiner Ansicht Optimierung. Das wurde ihm bereits klar, als er noch Student an der Columbia University war.

Warren Buffett ist nur zum Teil Autodidakt. Er hat ein erfolgreiches Studium an der Columbia Business School absolviert und einen MBA gemacht. Klar, er hat bereits vorher Unmengen von Büchern über Wirtschaft und Geldanlage gelesen, schon als Teenager alles was es in der Bibliothek in Omaha dazu gegeben hat und er liest jedes Jahr, und das schon seit Jahrzehnten, hunderte Geschäftsberichte. So kennt man Warren Buffett.

Seinem Ziel verbesserter Kommunikationsfähigkeit kam er aber nicht nach, zumindest nicht wesentlich über Lektüre und Selbststudium, sondern er investierte in einen Kurs bei einem der größten Lehrer und Mentoren der damaligen Zeit auf den Gebieten Kommunikation und Umgang mit Menschen, nämlich Dale Carnegie, dem Autor des Klassikers „How to Win Friends and Influence People". Dieser Kurs gab ihm einen Rahmen für den eigenen Auftritt, aber auch für den Umgang mit anderen Menschen. In der Essenz geht es in Carnegies Buch und Kursen darum, wie man sich bei Menschen beliebt macht, wie man ein angenehmer und respektierter Zeitgenosse in seinem Umfeld wird. Es handelt sich überwiegend um essentielle Grundlagen des menschlichen Miteinanders. Es geht um Respekt und Interesse an der anderen Person, eine positive Grundeinstellung, nicht nur von sich zu erzählen, sondern auch mal Fragen zu stellen, sich an Details zu erinnern und diese bei anderer Gelegenheit wieder ins Gespräch einfließen zu lassen, denn ja, wir Menschen interessieren uns besonders für uns selbst; genuines Interesse an unserer Person schmeichelt uns.

Wir können nicht genau sagen, wieviel dieser Kurs zur Verbesserung von Buffetts Kommunikationsfähigkeiten beigetragen hat, wie viel er bereits davon in sich hatte und nur angestoßen werden musste oder was danach vielleicht noch an weiterem Training nötig war. Es bleibt der Fakt, dass für eine Persönlichkeit wie Buffett die Wichtigkeit eben dieser Kommunikationsfähigkeiten klar war und er sich für die Optimierung seiner selbst Hilfe von außen gesucht hat. Es ist auch ein Fakt, dass Buffett heute ein perfekter Kommunikator ist.

In vielen Interviews kommt Buffett darauf zurück und erwähnt die Wichtigkeit seiner Entscheidung und welchen Nutzen er daraus gezogen hat und welche er so ziemlich jedem, unabhängig von deren Branche und Qualifikation, weiterempfiehlt. Immer wieder betont er, dass ein Investment in gute Kommunikation, ob in Wort oder Schrift, garantiert 50% mehr Gehalt einbringt. Er bemängelt auch, dass dieses Wissen nicht unbedingt im Wirtschaftsstudium oder im Allgemeinen an der Universität gelehrt wird. Es erscheint wohl zu trivial zu sein, in der Welt komplexer Formeln und Zusammenhänge, obwohl es nach ihm, im Wirtschaftsleben und darüber hinaus, aber gerade auf gute Kommunikationsfähigkeiten ankommt; in vielen Fällen sind diese wichtiger als das Beherrschen komplexer Formeln.

Jeden seiner „Letters to the Shareholders" beginnt Warren Buffett mit dem Eingeständnis seiner eigenen Fehler des letzten Jahres. Er setzt also auf komplette Offenheit. Normal ist es, in der Finanzindustrie und bei den meisten börsennotierten Unternehmen, mit einem großen Aufschlag zu beginnen („Es war ein wunderbares und erfolgreiches Geschäftsjahr, wir haben ...") und ungute Nachrichten soweit es geht abzufedern und in Watte zu packen. Buffett macht genau das Gegenteil und schafft mit dieser gnadenlosen Offenheit sofort Vertrauen. Er nutzt dieses Mittel bewusst und signalisiert Führungsstärke. Er weiß Bescheid, was in seinem Investment-Imperium vor sich geht, er weiß, dass auch mal etwas daneben geht, auch er macht mal einen Fehler, aber er ist sich dieser bewusst, benennt sie, hat sie unter Kontrolle, stellt sie ab. Das ist eine ganz konkrete vertrauensbildende Maßnahme, Offenheit und das Eingeständnis eigener Schwächen schafft Vertrauen, besonders aus einer Position des grundsätzlichen Erfolges und unerschütterlichen Selbstbewusstseins.

Dazu setzt Buffett ganz geschickt auf „einfache" Techniken, um anschaulich zu formulieren und im Gedächtnis zu bleiben. Neben anderen ist das z.B. der Einsatz entgegengesetzter Wortpaare, wie z.B. teuer und billig oder richtig und falsch.

„I buy expensive suits; they just look cheap on me."

„You only have to do a few things right in your life, as long as you don't do too many things wrong."

Buffett beherrscht Kommunikation auf allen Ebenen, als Unterhalter, als Menschenkenner und als respektvolles Gegenüber, das Menschen für sich gewinnt und begeistert.

Buffett ist bekannt dafür, dass er sein Ziel gradlinig erreicht; bestens vorbereitet weiß er genau, was er will, welchen Preis er zu zahlen bereit ist. Er setzt auf Fairness und Einfachheit. Kommt kein Deal nach seinen (fairen) Vorstellungen zu Stande, dann zieht er sich sofort zurück.

Als 2019 Berkshire Hathaway zusammen mit 3G Kapital eine Übernahme von Unilever für 123 Milliarden USD planten, zog sich Buffett umgehend zurück, als Unilever erklärte, dass man das Angebot für eine feindliche Übernahme hielt. Buffett macht keine feindlichen Übernahmen; er braucht Vertrauen, denn er will mit den Managern der übernommenen Unternehmen weiter zusammenarbeiten, er will von deren Fähigkeiten weiter profitieren, ihnen nicht in Business-Entscheidungen reinreden oder gar reinregieren. Dafür ist eine feindliche Übernahme keine gute Voraussetzung. Die Option der Mega-Fusion war dann sofort wieder vom Tisch.

Buffett kauft mit großer Vorliebe erfolgreiche Unternehmen, in denen der Besitzer noch selbst aktiv ist, so wie bei The Furniture Mart oder ISCAR. Die Deals werden per Handschlag gemacht, oft gleich beim ersten persönlichen Kennenlernen, nach wenigen Stunden. Neben Kommunikation und Menschenkenntnis kommt hier Buffett der Business-Analyst ins Spiel, natürlich kennt er die Unternehmenskennzahlen und hat im Kopf längst die Nettoerträge für Jahre fortgeschrieben, aber nach Abschluss seiner Analyse, die er nach so langer Erfahrung sehr schnell durchführen kann, spricht er eine klare Sprache.

Buffett ist berechnend und zielstrebig, er weiß genau, was er will und bleibt konsequent in seinem Kompetenzbereich; dort ist er zu Hause und unschlagbar. Hinter dem netten Onkel-Typ mit Witz und Charme verbirgt sich ein knallharter Geschäftsmann. Er hat eine klare Vorgehensweise und mit seiner jahrzehntelangen Erfahrung traumwandelt er sicher durch seinen Business-Alltag (der sich von seinem privaten wahrscheinlich kaum trennen lässt). Das rechnerische Talent und den Geschäftssinn bekam er gleichsam in die Wiege gelegt, das Kommunikationstalent musste er sich (hart) erarbeiten. Es ist aber nun fester Teil seiner Persönlichkeit, ein kleines und notwendiges Investment in sich selbst, machte die Persona des Warren Buffett perfekt.

John F. Kennedy

35. Präsident der USA (1917 bis 1963)

John F. Kennedy regierte die USA für eine kurze, aber sehr ereignisreiche Zeit. In seine knapp zweieinhalbjährige Präsidentschaft fallen die Invasion der Schweinebucht, der Bau der Berliner Mauer, die Kubakrise und der Beginn der bemannten Raumfahrt, um nur ein paar der politischen Highlights zu nennen. Das sind alles harte politische Themen, die mit ziemlicher Sicherheit unzählige non-triviale Maßnahmen erfordert haben. Aber denken wir wirklich an diese „kalten" politischen Fakten und Meilensteine, wenn wir heute an John F. Kennedy denken?

Der erste Gedanke ist sicher sein tragischer Tod und die bis heute bleibenden Zweifel am Tathergang, nicht zuletzt durch den überaus erfolgreichen Film von Oliver Stone mit Kevin Kostner in der Hauptrolle. Aber auch danach kommen wir vielleicht nicht gleich zur Politik, sondern denken eher an das junge Präsidentenpaar, an Jackie und John F. Kennedy.

Wären die USA eine Monarchie, dann hätten die beiden zusammen mit ihren beiden Kindern die perfekte amerikanische Royal Family abgegeben. Auch wenn es schlecht in den heutigen Zeitgeist passt, sehnen sich viele Menschen nach Idolen und genau solchen

Geschichten, gern nobler Herkunft. Man erinnere sich an die Trauung des englischen Prinzen William mit Kate Middleton, seiner Gemahlin bürgerlicher Herkunft.

Die Kennedys waren der lebendig gewordene Traum des, nicht nur bürgerlichen Ideals. Beide extrem gutaussehend und erfolgreich, dazu ein Sohn und eine Tochter – die perfekte amerikanische Familie. Die Tragik liegt verborgen hinter den warmen Pastelltönen der Fototechnik der 50er und 60er Jahre; die beiden Fehlgeburten von Jackie und die Affären von John F. sind Stoff für die späteren Geschichtsbücher. Das familiäre Idealbild der jungen Familie Kennedy mag auf den ersten Blick ein wenig angestaubt wirken, aber das war es keinesfalls. Jackie und John F. brachten frisches Flair in die amerikanische Politik und sind bis heute Stilikonen.

Es gibt unzählige Webseiten, die den Stil von John F. Kennedy feiern, die „New-England-Lässigkeit", diesen lockeren Umgang mit Eleganz und Sportlichkeit, der bis heute populäre Ivy League- oder Preppy-Look. Er konnte diesen ganz ohne Übertreibung tragen, wirkte dabei nie wie ein Abziehbild aus dem Modekatalog: Khakis, Oxford-Button-Down-Hemden, zweiteilige Anzüge, Cashmere-Pullover, „Boat-Wear" und natürlich eine spritzige Sonnenbrille. Die meisten Menschen denken, dass John F. Kennedy meistens eine Wayfarer von Ray Ban getragen habe, aber das stimmt nicht, es handelt sich dabei um ein der Wayfarer sehr ähnlich aussehendes Modell von „American Optical Saratoga".

Jackie Kennedy steht ihrem Mann in puncto ikonischer Wirkung in keiner Weise nach. Besondere Features ihres Auftritts sind das Chanel-Kostüm und der auffällige, sogenannte Pillbox-Hut, dazu eine Perlenkette mit passenden Ohrringen.

Es war aber sicher nicht nur das Aussehen, sondern das gesamte Paket – perfekt verpackte Kultiviertheit, die zur Zielerreichung einfach sehr hilfreich sein kann. 1961 besuchten die Kennedys Frankreich. Jackie Kennedy muss den französischen Präsidenten Charles de Gaulle ungeheuer beeindruckt haben – sicher auch, weil sie fließend Französisch sprach. Während dieses Besuchs stimmte de Gaulle tatsächlich dem Vorschlag zu, die Mona Lisa in die USA reisen zu lassen. Ein ungewöhnlicher Akt, der heute vollkommen undenkbar wäre. 1963 konnte dann tatsächlich die originale Mona Lisa zunächst in der Washingtoner National Gallery und später im New Yorker Metropoliten Museum angesehen werden – eine Gelegenheit, die ca. zwei Millionen Amerikaner nutzten. Der Zeitgenosse Andy Warhol kommentierte das Spektakel wie folgt: „Why didn't they just send a copy. No one would know the difference."

Die zweieinhalb Jahre Präsidentschaft erscheinen wie eine große Charme-Offensive. Natürlich ist bei einem amerikanischen Präsidenten nicht alles Show ohne Inhalt, auch wenn der Show-Faktor eine nicht unbedeutende Rolle spielt. Auch Teile seiner Antrittsrede bleiben bis heute ikonisch: „Und deshalb, meine amerikanischen Mitbürger: Fragt nicht, was Euer Land für Euch tun kann - fragt, was Ihr für Euer Land tun könnt. Meine Mitbürger in der ganzen Welt: Fragt nicht, was Amerika für Euch tun wird, sondern fragt, was wir gemeinsam tun können für die Freiheit des Menschen." Deutsche denken natürlich am ehesten an seine berühmte Rede in Berlin an der damals erst kürzlich errichteten Mauer und sein Bekenntnis zu Berlin: „Ich bin ein Berliner!"

Es geht nicht darum, Inhalt und Show voneinander zu trennen, Sinn und Unsinn davon sind fragwürdig. Fakt ist, dass ein perfekter Auftritt vieles leichter macht, im Großen wie im Kleinen. Jackie und John F. Kennedy hatten den Vorteil, dass sie von der Natur bereits mit gutem Aussehen beschenkt wurden, aber stilechter Umgang mit Kleidung, Rede und Außenwirkung liegt nicht nur in der Wiege, sondern ist absolut lern- und trainierbar, besonders, wenn das bereits durch die Herkunft gefördert wird, dann fällt es eben ein bisschen leichter.

Wahrscheinlich haben nicht viele Präsidentenpaare gefragt, ob man nicht mal die Mona Lisa ausleihen könne – aber wenn sie es getan hätten, dann wäre der Erfolg in den meisten Fällen sicher bescheiden gewesen. Die Charme-Offensive von Jackie Kennedy führte zum Erfolg.

Wie man sich kleidet, wie man spricht, was man sagt, kurz, der Auftritt nach außen entscheidet darüber, wie eine Person wahrgenommen wird. Man kann Zugehörigkeit zu einer bestimmten Gruppe oder Klasse symbolisieren oder einfach nur Selbstsicherheit, und natürlich das genaue Gegenteil davon. Kleidungscodes senden eine Nachricht, komplettieren das Bild einer Person. Man kann davon bewusst Gebrauch machen, sich darauf trainieren. Man kann sich, im Positiven wie im Negativen, einen bestimmten Stil aufbauen und diesen zu seinem eigenen machen und mit etwas Zeit in einen neuen, dann authentischen Stil hineinwachsen.

Bei John F. Kennedy war es, wahrscheinlich ungespielt, eine Referenz auf bestimmte Kleidungs-Ikonen, z.B. des Ivy-League-Styles, die ihn relativ klar einer bestimmten Schicht und einem bestimmten Lifestyle zuordenbar werden ließen. Unser Stil sendet Nachrichten in die Welt, auch wenn wir noch gar nicht angefangen haben zu sprechen.

Clärenore Stinnes

Rennfahrerin und Weltreisende (1901 bis 1990)

Darf derjenige, der von Clärenore Stinnes spricht, über Hugo Stinnes schweigen? Clärenore Stinnes wird als drittes der sieben Kinder des Großindustriellen Hugo Stinnes und seiner Frau 1901 in Mülheim an der Ruhr geboren.

Im Hause Stinnes gingen Unternehmer, Banker und Regierungschefs aus aller Welt ein und aus. Zusammengenommen galten die überwiegend schwer-industriellen Unternehmungen von Stinnes Anfang der 1920er Jahre als größter Konzern Europas.

Früh erkannte der erzkonservative Patriarch das pragmatische Denken seiner ältesten Tochter und das damit verbundene geschäftsfördernde Potential. Sie wurde in der Konzernführung seine Sekretärin und vertraute Beraterin. Aber nicht nur das: Früh zeigten sich Reiselust und Freude an Unternehmungen. So erkundete sie allein vor Ort für ihren Vater Markt- und Absatzmöglichkeiten in Lateinamerika.

Als der alte Stinnes 1924 starb, setzte dessen Witwe allerdings durch, dass die Geschicke des Stinnes-Konzerns nur durch männliche Nachfahren zu bestimmen seien.

Enttäuscht vom Frauenbild ihrer Mutter zog Clärenore Stinnes nach Berlin um. Hier erhielt sie noch im selben Jahr ein Angebot der Berliner Dinos-Automobilwerke als Testfahrerin. Sie startete zunächst als „Fräulein Lehmann", um nicht auf dem Ticket des Stinnes-Konzern zu fahren, dem Dinos gehört.

Rasch folgten weitere Engagements. Clärenore Stinnes, nun unter „Klarnamen" fahrend, sollte 1925/1926/1927 mit 17 gegen Männer gewonnenen Rennen Europas erfolgreichste Rennfahrerin werden.

Lediglich unterstützt von bedenkenschweren Einwänden ihrer Familie, brach Clärenore Stinnes am 25. Mai 1927 zu einer Autofahrt um die Erde auf. Finanziert und unterstützt wurde die Erdumrundung durch die Firmen Bosch und Aral sowie das Reichsaußenministerium. Stinnes' Begleiter waren zwei Automechaniker sowie der Kameramann und Fotograf Carl-Axel Söderström, dazu zwei Drahthaar-Terrier, vor allem aber ein Adler-Standard-6-PKW, daneben ein Adler-Halbtonner als Begleitwagen für Treibstoff und Ersatzteile.

Bis zu 16 Stunden am Tag ging es über den Balkan, durch Sowjetrussland, Sibirien, die Wüste Gobi, Peking, mit dem Schiff bis Tokio, nach Hawaii, nach Nordamerika ... von dort nach Mittel- und Südamerika und, nach erneuten Schiffspassagen, von der West- zur Ostküste der USA. In Washington D.C. empfing sie US-Präsident Herbert Hoover. Nach der Reise mit dem Transatlantikdampfer führte die Autofahrt bis nach Berlin zurück, wo sie am 24. Juni 1929 eintraf.

Während die beiden Mechaniker im Laufe der an gefährlichen und herausfordernden Situationen reichen Expedition aufgegeben hatten, blieb Söderström an der Seite von Clärenore Stinnes. Die beiden waren ein Paar geworden und heirateten im Dezember 1930.

Im Jahr darauf erfolgte die Uraufführung des Films „Im Auto durch zwei Welten", den die beiden produziert hatten. Die Fahrt von über 46.000 Kilometern war zu einer filmischen Dokumentation kondensiert worden, die zeitgenössisch ein eher verhaltenes Echo in der Öffentlichkeit erfuhr. Erst seit den 1980er Jahren sind eine Reihe von Dokumentarfilmen über Clärenore Stinnes und ihr bewegtes Leben entstanden.

Die Berliner Heidi Hetzer nahm sich Stinnes zum Vorbild und umrundete von 2014 bis 2017 in einem Oldtimer ebenfalls den Erdball.

Die Söderströms lebten nach der Weltreise auf einem Gutshof in Südschweden – 1990 verstarb Clärenore Stinnes.

Fassen wir zusammen. Einerseits: Ohne Hugo Stinnes hätte Clärenore Stinnes ihren Lebensweg nicht derart beschritten. Andererseits gilt: Nur ohne ihren Vater gestaltete sie ihr Leben derart.

Der alte Stinnes war für seine älteste Tochter der „Gigant", wie sie es einmal 1986 ausdrückte. Schon früher hatte sie in ihren unveröffentlichten Memoiren, die der Historiker Gerald D. Feldman einsah, notiert: „Der Ernst, der aus meines Vaters Zügen sprach ... war ... von einer überwältigenden Anziehungskraft, nicht nur für

mich, sondern für alle, die in seinen Bannkreis kamen."
Sie beschrieb Hugo Stinnes zugleich als Familienvater,
der sich für seine Kinder Zeit genommen habe.

Wäre dieser nicht verstorben, so hätte Clärenore Stinnes weiter als Beraterin im Konzern gearbeitet, vermutlich weiter mit großem Erfolg. Doch durch den Tod
ihres Vaters, bot sich die Chance, aus seinem Schatten
zu treten.

„Innerlich bin ich immer gleichberechtigt gewesen.",
sagt die 1901 geborene vier Jahre vor ihrem Tode. Unter
ihren Brüdern musste und wollte sie sich behaupten.
Das „Vaterkind" dürfte der im traditionellen Frauenbild verhafteten Mutter eher distanziert gegenüber
gestanden haben.

Wen also „kriegte" Clärenore Stinnes „rum"; und wie?

Sie bewies sich, ihrer Familie und auch einer noch
begrenzten Öffentlichkeit, dass Frauen dem anerzoge-
nen Zaudern der Zeit etwas entgegenzusetzen hatten.
Sie musste hierfür zu jener Zeit noch männliche Kleidung tragen, stückweise in eine Männerrolle schlüpfen.

Beharrlichkeit, innere Stärke, Mut und Ausdauer waren
die Handwerkszeuge dieser Überzeugungsarbeit.

Könnte man diese „innere Werkstatt" auf viele der in
diesem Buch Portraitierten übertragen, die anders
als Clärenore Stinnes, ihr Unternehmertum ausleben
durften, so gilt dies auch für einen weiteren Punkt. Clärenore Stinnes stand den Neuerungen der Technik in
ihrer Zeit überaus aufgeschlossen gegenüber. Das galt

für ihre Liebe zum noch jungen Fortbewegungsmittel des Automobils. Gleichermaßen lässt sich dies für ihre Produktion eines Tonfilms über ihre Expedition sagen. Das Medium existierte erst seit wenigen Jahren.

Indem sie die Welt fahrend umarmte, überzeugte Clärenore Stinnes die Zauderer in ihrer Zeit.

Elon Musk

Mitgründer von PayPal, CEO von Tesla und SpaceX
(geboren 1971)

„Move fast and break things" ist eigentlich das Motto von Mark Zuckerberg für die Firmenkultur bei Facebook. Dieses Credo würde vielleicht noch besser auf Elon Musk zutreffen. Anders als Zuckerberg mit Facebook, ist Elon Musk ein Unternehmer, der nicht ausschließlich auf „kreative Zerstörung" durch Software setzt, sondern „alte" und sehr anspruchsvolle Industriezweige revolutioniert, Automotive, Energie und Weltraumfahrt.

Wie genau er es schafft, in so vielen Feldern erfolgreich zu sein und trotzdem noch regelmäßig zu twittern, bleibt ein Rätsel, auch wenn man akzeptiert, dass Musk ein Genie und Ausnahmetalent ist – oder wie er selbst scherzhaft im Podcast von Joe Rogan einmal sagte, ein Außerirdischer. Der Spiegel nennt ihn die „personifizierte Wiederentdeckung des Fortschritts" und das stimmt natürlich. Peter Thiel beschwerte sich über die Unzulänglichkeiten und häufigen Banalitäten der Software-Revolution im Silicon Valley, mit seinem berühmten Satz über das Unternehmen Twitter: „We wanted flying cars, instead we got 140 characters." Diese Beschwerde trifft auf Elon Musk sicher nicht zu, er forciert echten Fortschritt. Er verhalf ganz wesentlich der eigentlich alten Idee Elektromobilität zum Siegeszug. Er schickt Raketen ins All und wiederbelebt die Science-Fiction-Vision der interstellaren Raumfahrt der 60er Jahre. Noch schickt er keine Menschen zu anderen Planeten, aber die Raketen von SpaceX fliegen Satelliten deutlich effizienter und günstiger in den Weltraum als die staatlichen Organisationen der USA, der EU, Russlands und Chinas. Denn diese mindestens halb-staatlich verwalteten Organisationen, waren jahrelang die einzigen, die TV-Satelliten und ähnliches ins All bringen konnten. Deutlich günstiger heißt deutlich günstiger: Teilweise kann SpaceX für weniger als ein Viertel des Preises der NASA einen Flug anbieten. Erreicht wird das durch den Abschied von traditionellen Prozessen, Innovation und unternehmerischen Erfolgsdruck. Einem privaten Unternehmen mit Risikokapital im Hintergrund stehen eben keine endlos erscheinenden Füllhörner mit Budget zur Verfügung, sondern ab und an braucht man mal ein Ergebnis, sonst wird der Geldhahn sprichwörtlich zugedreht.

So ziemlich alle Unternehmen von Musk standen irgendwann einmal kurz vor der Pleite. Vielleicht schlägt uns hier der bewundernde Blick auf die existierenden Star-Unternehmen ein Schnippchen, weil wir von den vielen gescheiterten Wunderkind-Unternehmen einfach nichts hören, aber vielleicht ist es eben doch die spezielle Musk-Power, die ihm dabei geholfen hat, mehrfach existenz-bedrohende Situationen zu überleben. Es gibt wohl keinen anderen CEO, der regelrecht amüsiert und humorvoll schwerwiegende Entwicklungen begleitet. Einer seiner zynischen Tweets lautet, wenn auch offen als April-Scherz deklariert: „Despite intense efforts to raise money, including a last-ditch mass sale of Easter Eggs, we are sad to report that Tesla has gone completely and totally bankrupt."

In einem anderen Tweet wird auch über das Ende von Tesla visioniert und dazu ein Foto von Elon Musk mit geschlossenen Augen, der ziemlich abgekämpft aussieht und vor einem Tesla Model 3 am Boden liegt. Vor der Brust hat er ein ausgerissenes Stück Pappe auf dem mit fettem Edding handgeschrieben „Bankrupt!" geschrieben steht.

Er scheint ein Fan zu sein von diesem gnadenlosen schwarzen Humor, der sich selbst nicht schont, nicht die Firma und nicht die Aktionäre. Letztere sollten und sind sicher insgesamt sehr zufrieden, denn die Entwicklung des Börsenwerts von Tesla ist atemberaubend und macht Musk immer mal wieder – auf dem Papier – zum reichsten Menschen der Welt. Dennoch sind die Aktionäre sicher nicht begeistert, wenn Musk auf Twitter behauptet, dass die Tesla-Aktie an der Börse zu hoch bewertet sei. Das Gleiche gilt für die Bitcoin-Community. Zunächst wurde er gefeiert, als er sich als Bitcoin-Fan outete und bekannt gab, dass Tesla für einen Teil der Cash-Bestände Bitcoin gekauft hat, nur um ein paar Wochen später das Bitcoin-System wegen des angeblich zu hohen Energieverbrauchs zu kritisieren. Musk scheint keine Gnade zu kennen, sagt, was er will, was er denkt und achtet nicht auf Etikette, wenn er z.B. bei Joe Rogan im Podcast sitzt, Whiskey trinkt und dabei einen Joint raucht. Es bleibt die Frage, ob Elon Musk wirklich ein Hasardeur ist, der das Spiel mit dem Publikum einfach liebt, sich an Aufschrei und Bewunderung ergötzen kann oder ob er wirklich vollkommen frei ist von jedwedem Selbstzweifel und einfach sagt und tut, was er möchte. In seiner Position kann er sich diese Freiheit zumindest leisten.

Wahrscheinlich ist es aber einfach die natürliche Art und der natürliche Lifestyle von Elon Musk. Seine ganze unternehmerische Karriere sieht nicht danach aus, als würde er sich und andere schonen. Musk ist wahrscheinlich kein Außerirdischer, aber selbstverständlich ein Mensch mit überdurchschnittlicher Begabung und natürlich auch eine Art „Nerd", der in der Schule in Südafrika Hänseleien ausgesetzt war. Ob es einen kausalen Zusammenhang zwischen den sozialen Schwierigkeiten in der Schule und einer frühen Liebe zu Science-Fiction Welten und Computern gibt, wird man nie genau bestimmten können. In jedem Falle ist er ein Computer-Geek. Mit zwölf programmiert er sein erstes Computerspiel und seinen ersten unternehmerischen Erfolg wird er auch mit einem Software-Produkt haben und die Belohnung sind erste Millionen durch den Verkauf der Firma Zip2, einem Online-Firmenregister ähnlich den Gelben Seiten. Später wird er Teil der „PayPal-Mafia", denn zur gleichen Zeit wie Peter Thiel und sein Team, arbeitet die Firma X.com von Elon Musk ebenso an einem digitalen Bezahlsystem. Irgendwann beenden die beiden Unternehmen ihren Konkurrenzkampf und schließen sich zusammen; Musk wird für eine Weile der CEO von PayPal. Mit seiner unkonventionellen Art und Dickköpfigkeit überlebt er diese Rolle nicht.

Musk wird ziemlich unfein per Palastrevolution von den Getreuen Thiels vom CEO Posten verdrängt. Am Ende kommt er dennoch mit lachenden Augen aus der Affäre. Musk musste zwar als CEO zurücktreten, war aber der größte Aktionär. Als PayPal für 1,5 Milliarden Dollar an Ebay verkauft wurde, bekam er einen dreistelligen Millionenbetrag, den er vollständig in seine neuen Unternehmen investierte, also in Tesla, SpaceX und The Boring Company und wohl noch ein paar andere, weniger bekannte Ventures. Die bereits eingangs gestellte Frage kommt nun wieder auf: Wie schafft es Elon Musk, mehrere sehr erfolgreiche Unternehmen gleichzeitig als CEO zu führen?

So natürlich, offen und auch mal polterig, wie Musk öffentlich daherkommt, scheint er auch in seinen Unternehmen zu kommunizieren; er will keinen Bullshit hören und nicht um den heißen Brei reden, sondern praktiziert Offenheit. In Amerika ist das nicht immer leicht, werden dort doch Probleme gern kommunikativ weich verpackt. Darauf nimmt Musk keine Rücksicht, er geht dorthin, wo es auch mal wehtut.

Sein enormes Arbeitspensum hält Musk nicht davon ab, neue Ideen zu durchdenken und sich mit allen möglichen Theorien zu beschäftigen. Schaut man sich Interviews mit Elon Musk an, dann findet man schnell einen Menschen, mit dem man einfach gern im Restaurant oder am Küchentisch sitzen und herumphilosophieren würde. Verwiesen sei hier auf ein Interview, in dem er in ca. zehn Minuten die Simulationshypothese (die auf Nick Bostrom zurückgeht und nach der wir, vereinfacht gesagt, in einer Simulation leben oder selbst eine Simulation sind) und seine Gedanken dazu beschreibt. In solchen Situationen wirkt er sehr strukturiert und durchdacht – man kann sich gut vorstellen, zum Gläubigen zu werden. Musk ist nicht nur Visionär, sondern einer, der Visionen in Taten umsetzen kann. Wahrscheinlich macht ihn genau das so populär und gibt so vielen Investoren einen so starken Glauben an Tesla, sein bisher einziges börsennotiertes Unternehmen. Seine Fangemeinde ist groß, allein auf Twitter folgen ihm über 60 Millionen Menschen aus der ganzen Welt.

Agrippina die Jüngere

Schwester, Gattin und Mutter verschiedener
römischer Kaiser (ca. 15 bis 59 n. Chr.)

Ohne Frage ist Agrippina eine der spannendsten Frauen der römischen Antike, sie lebte von 15 oder 16 bis 59 n. Chr. Sie war Tochter des Germanicus, Schwester von Kaiser Caligula, Ehefrau von Kaiser Claudius und Mutter von Kaiser Nero. Hinzu kommt ihre direkte Verwandtschaft mit dem ersten römischen Kaiser Augustus. Ihr Großvater war Agrippa, einer der engsten Freunde des Kaisers, und Ihre Großmutter war Iulia, leibliche Tochter von Kaiser Augustus.

Es ist vielleicht ein bisschen kokett, Agrippina in einem Buch über moderne Kommunikation zu portraitieren, denn die Quellen über ihr Leben sind im besten Falle als fragmentarisch zu beschreiben. Es gibt keine schriftlichen Aufzeichnungen, keine Reden, keine Briefe, die direkt auf sie zurückgehen. Wie so oft muss sich die Forschung aus anderen Quellenbeständen bedienen. In diesem Falle sind diese nicht üppig und natürlich auch nicht immer vertrauensvoll. Es gibt aber genügend Material und Eckdaten, um zu bestätigen, dass Agrippina eine Ausnahmeerscheinung war.

Agrippinas Eltern – Germanicus, einer der berühmtesten Feldherren Roms und damals nicht aussichtslos, irgendwann einmal selbst den Thron zu besteigen, und Agrippina (die Ältere) – waren eine ganze Weile das „In-Paar" von Rom. Nach Dr. Emma Southon (Autorin des wunderbaren Buches „Agrippina: Empress, Exile, Hustler, Whore") gab es um das Paar einen regelrechten Rummel, den sie mit dem um die Beatles vergleicht. Die Leute feierten sie begeistert bei öffentlichen Auftritten und folgten ihr durch die Straßen. Ein junges erfolgreiches Traumpaar, der große Feldherr und die schöne Prinzessin mit Blutsbanden zum großen Kaiser Augustus. Damit ist klar, dass Agrippina von Kindheit an die große Bühne und die große Show gewöhnt war.

Neben der großen Show dürfte sie das Spiel mit und um die Macht sehr früh geprägt haben. Spielerisch ging es dabei allerdings nicht wirklich zu, denn die julisch-claudische Kaiserzeit war besonders blutig. Der natürliche Tod eines Kaisers war eher die Seltenheit. In frühem Kindesalter „verstarb" dann auch ihr Vater Germanicus im Urlaub in Syrien. Man geht stark davon aus, dass es sich nicht um einen natürlichen Tod handelte, sondern dass der amtierende Kaiser Tiberius mit Germanicus einen populären Konkurrenten aus dem Weg geräumt hatte. Die genauen Umstände bleiben im Dunkeln.

Frauen waren in der römischen Gesellschaft deutlich unterprivilegiert; Agrippina konnte demnach keine offizielle Führungsposition bekleiden. Sie muss aber trotzdem schon früh Machtpositionen angestrebt beziehungsweise sich für diese interessiert haben, ob um derentwillen selbst oder aus Selbsterhaltungstrieb (ist der einflussreiche Vater oder Bruder einmal nicht mehr da, kann das für die Hinterbliebenen lebensbedrohlich sein), wir werden die genauen Hintergründe nie erfahren.

Als Frau konnte Agrippina also maximal aus dem Schatten agieren, und natürlich auch intrigieren und manipulieren. Wie sie dabei genau vorgegangen ist, liegt, ob der schlechten Quellenlage, unter dem Schleier der Geschichte; dass sie darin häufig sehr erfolgreich und geschickt war, ist aber offensichtlich.

Im Spiel um die Macht wird sie jedenfalls schnell ein aktiver Teil. Ihr Bruder Gaius, den wir heute eher als Caligula kennen, wird Kaiser, als Agrippina um die 20 Jahre alt ist. Den Spitznamen Caligula erhielt Gaius in seiner frühen Kindheit, die er zum Teil zusammen mit seinem Vater Germanicus und dessen Familie in Soldatenlagern in Germanien verbrachte. Der kleine Gaius war bei den Soldaten sehr beliebt, nicht zuletzt, weil er manchmal in einer Miniaturuniform und Armeesandalen durch das Lager stolzierte. In diesem Zusammenhang erhielt er den Spitznamen Caligula, der so viel wie Soldatenstiefelchen bedeutet. Für einen erwachsenen Mann wäre Caligula also wohl eher eine Beleidigung gewesen – er war zu Lebzeiten nicht offiziell Kaiser Caligula. Vielleicht nannten ihn einige Römer so hinter vorgehaltener Hand, nachdem er sich nach zunächst erfolgreich beginnender Regentschaft immer mehr zum Despoten wandelte.

Caligula hatte eine sehr enge Bindung zu seinen Schwestern; neben Agrippina waren da noch Drusilla und Livilla. Er schien sie nahezu zu vergöttern, so musste der Treueeid nicht nur auf ihn, sondern auch auf seine Schwestern geschworen werden. Er vermachte ihnen besondere Privilegien, indem er sie zu vestalischen Jungfrauen ernannte, also zu Priesterinnen der Göttin Vesta. Sie kümmerten sich um verschiedene kultische Handlungen, wie z.B. das Hüten des Herdfeuers im Tempel der Vesta. Viel wichtiger ist aber, dass die Vestalinnen einen besonderen Status und damit verbunden besondere Rechte hatten, die denen eines römischen Mannes nah kamen und diesen Frauen so etwas wie Unabhängigkeit bescherten. Caligula werden alle möglichen Grausamkeiten und Perversionen nachgesagt, wahrscheinlich mehr von der modernen Popkultur geprägt als von der Realität. Aus dem engen Verhältnis zu seinen Schwestern wurden inzestuöse Handlungen abgeleitet, hundertprozentig belegt sind diese wohl nicht, aber die Macht der (Film-)Bilder dominiert gern den Zeitgeist, z.B. die des Caligula-Films von Tinto Brass, in dem die erotische Beziehung zwischen Caligula und Drusilla regelrecht zelebriert wird.

Die Liebe zu seinen Schwestern wandelte sich, als diese sich aktiv an einer Verschwörung gegen Caligula beteiligten. Hier wurde Agrippina zum ersten Mal offensichtlich politisch aktiv. Warum Agrippina und ihre Schwestern gegen den Bruder, trotz der entgegengebrachten Liebe und eingeräumten Privilegien, intrigierten, bleibt unbekannt. Die Verschwörung flog auf, ebenso die Beteiligung der Schwestern – dies führt zur Verbannung ins Exil auf die Felseninsel Pontia.

Caligula regierte zunehmend arrogant und anmaßend, besonders gegenüber dem Senat. Angeblich wollte er sogar seinem Lieblingspferd Incitatus einen Senatorenposten geben. Der Wahrheitsgehalt dieser Anekdote ist heute zwar stark umstritten, aber symbolisch steht sie sicher sehr gut für das Verhältnis zwischen dem Imperator und dem Senat. Hochgradig unzufrieden mit der Herrschaft Caligulas, kommt es also zur nächsten Verschwörung, dieses Mal durch die Prätorianer-Garde; und diese ist erfolgreich. Die Prätorianer erklären nach der Ermordung Caligulas ungewöhnlicherweise Claudius zum Kaiser. Er ist eine ungewöhnliche Wahl, weil er mit Politik bis dahin wenig befasst war, weil er stotterte und andere Geburtsfehler hatte, wohl insgesamt nicht sehr beliebt war. Er ging bis zu seiner Ernennung zum Kaiser intellektuellen Tätigkeiten nach; so schrieb er wohl an einem Buch über römische Geschichte, von dem heute leider nichts erhalten ist. Die Kaiserzeit des Claudius wurde wunderbar und sehr lesenswert literarisch von Robert Graves durch seine beiden Bücher „I, Claudius" und „Claudius the God" verarbeitet.

Für Agrippina bedeutete die Machtübernahme durch Claudius das Ende des Exils. Sie kann nach Rom zurückkehren und erhält Besitz und Status zurück. Als Tochter des Germanicus genießt Agrippina nach wie vor hohes Ansehen bei der Bevölkerung in Rom, und das ist wahrscheinlich der Hauptgrund, warum Claudius später Agrippina zu seiner Frau machen wird. Die Blutsverwandtschaft der beiden – Agrippina war die Nichte von Claudius – war zu römischen Zeiten eigentlich ein Problem, aber keines, dass mit Tricks, Interpretation und schließlich einer Gesetzesänderung nicht hätte umgangen werden können. Agrippina war bereits zweimal verheiratet. Ihr erster Mann verstarb während der Zeit im Exil, doch mit ihm hatte sie einen Sohn. Dieser Sohn, der zu diesem Zeitpunkt noch Lucius Domitius Ahenobarbus heißt, wird der spätere Kaiser Nero werden. Dass es dazu kommen konnte, verdankte der junge Nero seiner machtbewussten Mutter, die sich wahrscheinlich schon früh in den Kopf gesetzt hat, dass es ihr Sohn Nero sein solle, der Claudius auf den Thron folgen würde und nicht dessen leiblicher Sohn Britannicus. Wie ihr Verhältnis zu Claudius wirklich war, lässt sich schwer ermitteln, aber man muss immer bedenken, dass Agrippina mit ca. 35 Jahren quasi dazu verdonnert wurde, ihren über 50 Jahre alten Onkel zu heiraten. Wie auch immer sie sich gefühlt haben mag, mit dieser Ehe wird Agrippina eine der mächtigsten Frauen der Antike.

Agrippina setzt sich gegenüber dem schwachen Claudius durch und greift direkt in die Regierungsgeschäfte ein. Der Schwerpunkt lag darauf, ihren Sohn Nero zum Nachfolger von Claudius zu machen. Nero wurde zunächst mit der Tochter von Claudius, Octavia, verheiratet, doch der leibliche Sohn von Claudius, Britannicus, blieb ein ernstzunehmender Rivale. Er war zwar zwei Jahre jünger als Nero, und Claudius hatte Nero offiziell adoptiert, aber Britannicus war eben sein leiblicher Sohn. Keiner weiß, ob Agrippina Ihren Gatten (und Onkel!) bezirzte, sich von ihm Sicherheiten erbat, doch ihren Sohn für den Thron zu bevorzugen und Claudius diese Bitte möglicherweise ablehnte oder ob sie aus dem Hintergrund agierte, ihre Absichten verschleierte und langsam auf ihr Ziel hinarbeitete. Fakt ist, dass sie Claudius irgendwann aus dem Weg räumte – zumindest deutet vieles darauf hin, dass Agrippina für den Tod des Claudius verantwortlich war, der im Jahre 54 an einem vergifteten Pilzgericht verstarb.

Der rechtmäßige Nachfolger wurde nun Agrippinas Sohn, der 17jährige Nero. Ziel erreicht, möchte man meinen. Aber natürlich ist es Agrippina, die in den früheren Jahren mehr oder weniger die Regierungsgeschäfte leitet. Man muss aber auch hier immer bedenken, dass das nicht unbedingt offiziell möglich war, als Frau durfte sie z.B. nicht im Senat sprechen. Sie benötigte also ein Netzwerk von Getreuen, die in Ihrem Sinne agierten und sicher auch intrigierten.

Man kann sich ausmalen, dass so eine mächtige Frau vielen Männern der Zeit nicht geheuer gewesen ist. Einer dieser Männer war der bekannte Stoiker Seneca. Eigentlich ein Getreuer von Agrippina. Er war dem jungen Nero Lehrer und dem erwachsenen Nero Mentor und Berater, der unter anderem Reden für Nero verfasste. In einer dieser Reden wetterte er gegen den Einfluss von Frauen in der Politik, aus welcher diese sich bitteschön heraushalten sollten. Diese Rede scheint eine Zäsur gewesen zu sein, denn nun verschwinden die Spuren über das Leben Agrippinas aus den Aufzeichnungen. Offensichtlich übernimmt nun Nero immer mehr die Regierungsgeschäfte; Agrippina verschwindet im Hintergrund, zumindest bis zu ihrem tragischen Tod fünf Jahre später. Der ganze Wahnsinn, der Macht- und Intrigenhunger des römischen Kaiserreichs, kulminiert vielleicht hier, denn Nero reichte es nicht nur seine Mutter aus der Politik zu drängen – schlussendlich lässt er sie ermorden. Möglicherweise war der Grund für die Tat seine Liebe zu Poppaea Sabina, die Nero unter Druck setzte, sich von seiner Frau Octavia zu trennen, aber auch sich aus dem Schatten seiner Mutter zu lösen. Schlussendlich gab er den Befehl, Agrippina zu ermorden. Es sollte wie ein natürlicher Tod aussehen, denn obwohl in dieser Zeit ständig gemordet wurde, war Mord auch für Herrscher kein offizielles Mittel der Politik. Es werden verschiedene Ideen und Optionen abgewogen, aber am Ende entscheidet sich Nero für den Vorschlag, dass man ein spezielles Boot verwenden würde, bei dem man unbemerkt einen Fallboden bzw. eine Seite öffnen kann, so dass Personen von einer bestimmten Stelle des Bootes ins Wasser fallen und ertrinken würden. Nero inszeniert den Mord nahezu theatralisch, er lädt seine Mutter zu einem Fest zu sich ein, offensichtlich an der See gelegen, und begleitet sie am Ende des Abends zu dem präparierten Boot. Der Trick funktioniert aber nur zum Teil, das Boot öffnet sich und Agrippina geht von Bord, allerdings ist sie eine sehr gute Schwimmerin und schafft es locker bis ans Land. Trotzdem hat Agrippinas letzte Stunde geschlagen. Nero beschuldigt sie eines Anschlags auf ihn, den Kaiser, und sendet dann ganz offen Truppen zu Agrippinas Haus, die sie dort ermorden.

Jeder kennt heute Caligula und Nero, vielleicht noch Claudius. Agrippina ist trotz ihrer atemberaubenden Lebensgeschichte den meisten weniger geläufig, beziehungsweise, wenn sie es ist, dann zumeist als machthungrige Intrigantin, die über Leichen ging. Dabei liegt sie bei ehrlicher Betrachtung bezüglich abgeleisteter Grausamkeiten maximal im Durchschnitt ihrer mächtigen männlichen Zeitgenossen und Familienmitgliedern der julisch-claudischen Dynastie.

Kommt man aus dem Kölner Raum, wird man Agrippina womöglich eher kennen, und zwar mit einer positiveren Note, denn die Stadt Köln trägt noch heute indirekt ihren Namen. Auf der Spitze ihrer Macht benannte Sie eine Siedlung in der Nähe ihres Geburtsorts in Germanien, der in der Nähe oder direkt am selben Ort wie das heutige Köln lag, nach sich selbst, genauer Colonia Claudia Ara Agrippinensium. Ihr eigener Name blieb dem Namen der Stadt bis heute nicht erhalten, aber immerhin das lateinische Wort für Kolonie: Auf Deutsch wurde daraus Köln, auf Englisch Cologne.

Rolf Eden

Geschäftsmann und Nachtclubbesitzer (geboren 1930)

Da fängt einer so ganz bürgerlich an, wird 1930 in Berlin-Tempelhof geboren; ein Mittelstandskind. Und dann muss die Familie fliehen. Die Nationalsozialisten kommen an die Macht. Als Jude, zum Juden gemacht, hat man da keine Chance.

Palästina! Eine ganz neue Welt. Der Vater, einst Unternehmer, muss, emigriert, nun Taxi fahren; hilft ja nichts. Danach versucht er die Familie mit einem Café durchzubringen.

Neue Sprache, neue Leute, da muss man pragmatisch sein. Rolf Eden verdient sein Geld als Musiker. Er kämpft, gerade 18 Jahre alt, im israelisch-arabischen Krieg.

Anfang der 1950er Jahre hat es ihn nach Paris verschlagen – Chauffeur, Kellner und immer wieder Musik. Und dann kommt da diese Zeitungsmeldung: Berliner, die nach West-Berlin zurückkehren, erhalten dort 6.000,- DM! Ein Vermögen. Eden kehrt zurück ins Land der Täter. Er sagt einmal viel später: „Wenn das Erinnern etwas ändern würde, täte ich es. Aber es bringt nichts." Ein harter Satz für viele Überlebende, die trotz schmerzhaftem Trauma Aufklärung fordern. Ein heilsamer Satz für Eden.

Bloß nicht Opfer sein, sondern Sieger. „Ich verdränge alles, was mir nicht gefällt.", sagt Eden in dem 2011 entstandenen Dokumentarfilm „The Big Eden" von Peter Dörfler. Die folgenden Zitate stammen ebenfalls aus dem Film.

„Das Beste, was du im Leben tun kannst: Allen Schmerz vergessen, sich nur an das Schöne erinnern." Also weg mit der Weltkatastrophe und losgelebt, besser denn je.

Eden eröffnet seit 1957 in West-Berlin Nachtclub um Nachtclub. Bis in die 1980er Jahre baut er sein gastronomisches Imperium aus. Spaß gewinnt – und dazu zählen gute Musik, Oben-Ohne-Tänzerinnen oder Schaumbad-Spektakel in der Disco.

Das rasch gepflegte Image passte zu den Clubs. Eden hat unendlich viele Frauen. Ein Playboy, der seine „Beute" filmte und verwöhnte. Schwanger durfte keine werden. Eden ist ein großes Kind. Kinderkriegen ging da nicht. Passierte es doch – es gibt Nachwuchs von sieben Frauen – so zahlt Eden. Trennt man sich von einer, so erhält sie noch im Abgang einen Diamantring. Grandezza und Geilheit: Eden schuf sich eine Welt von Wohlstand, Luxusleben und Liebe.

„Ich gefalle mir." Mit Geld und ungebrochen positivem Denken schafft Eden sich seine gute Gegenwelt. Und er lädt alle ein, daran teilzuhaben.

Der Mann im ewig weißen Anzug fing an, als keiner an ihn glaubte; ähnlich begann sein Engagement in Immobilien. Niemand glaubte 1977 an Betongold im Westen Berlins – Eden schon. Als er nach der Wiedervereinigung sah, dass sein Club-Konzept nicht mehr trug, verkaufte er seine „Läden" und vergrößerte sein Immobilien-Portfolio.

Die Marke Eden blieb, ein Stück gutes altes West-Berlin und dann die Frauen! „Man muss jeden größer machen als er ist im Leben." Eden konnte dies bei sich, bei Frauen und Geschäftspartnern.

Ein Boulevardblatt kürte ihn zum „peinlichsten Berliner": Kapitalist, bekennender Bordellgänger und untreuer Frauenheld. So what? Er setzte sich in eine Talkshow, sprach über Prostituierte und fragte eine entgeisterte Gesprächspartnerin grinsend: „Sie sind hier die Frauenrechtlerin, oder?"

Dieser Mann ist weder dumm noch blind; die Provokation ist kalkuliert. Mit aller Macht verteidigt er das Land des Lächelns und der Liebe; sein Land, aus dem man nicht fliehen muss. Die Waffen sind: Lächeln, Charme, Geld, Liebe und Luxus.

„Ich habe im Leben immer nur Glück gehabt. Ich hatte nur, nur, nur Glück, nie ein Tief, nie richtigen Ärger, immer nur rauf, rauf, rauf, bis heute!"

„An den Tod denke ich nie."

Rolf Eden wird sich selbst überleben, lächelnd.

John Drewe

Betrüger und Verkäufer von Kunstfälschungen

(geboren 1948)

John Drewe ist ein englischer Betrüger, der seinen „Ruhm" besonders im Zusammenhang mit Kunstfälschungen begründete. Er wurde 1948 in Sussex, England, geboren. Unter den Kunstfälschern ist John Drewe eine Ausnahme, er wurde nicht selbst „künstlerisch" aktiv, sondern „vermarktete" geschickt und einfallsreich die Fälschungen seines Compagnons John Myatt.

Die Geschichte des Duos Drewe/Myatt ist erstaunlich und faszinierend, wie wohl die meisten Kunstfälschergeschichten. Sie beginnt um 1985 – Drewe hatte die Idee, mit gefälschter Kunst Geld zu machen, konnte aber selbst keine Gemälde anfertigen. Er brauchte also einen Partner. Er sah eine Anzeige von John Myatt, der per Zeitungsanzeige günstige Kopien bekannter Meister anbot. Drewe trat zunächst als Kunde auf und kaufte eines der Bilder von Myatt, für den geringen Preis von ein paar Hundert britischen Pfund.

Drewe hängte sich das Werk von Myatt nun aber nicht an die Wand, sondern bot es dem Auktionshaus Christie's als Original an. Das Gemälde wurde tatsächlich akzeptiert und zu einem Vielfachen des schmalen Preises, den Drewe an Myatt bezahlt hatte, angeboten und versteigert.

Drewe weihte Myatt später ein und die beiden arbeiteten in den folgenden Jahren zusammen. Dabei dachte sich Drewe verschiedenste Tricks aus, wie er die neu gefertigten Meister alt und original aussehen lassen konnte. Er nutzte dazu als einer der ersten Inhalte von Staubsaugerbeuteln (eine Art Standard bei späteren Fälschern), um die Bilder verschmutzt und damit gealtert aussehen zu lassen oder schlug in Wasser eingelegte Nägel in den Rahmen, damit sich an den Köpfen eine Rostschicht bildete. Es waren relativ krude und primitive Mittel, die allerdings in den meisten Fällen ihre Wirkung nicht verfehlten.

Viel wichtiger als das Aussehen und der erste Eindruck von einem alten Kunstwerk ist seine Provenienz, also die Herkunft des Kunstwerkes. Je glaubwürdiger die Folge der Vorbesitzer, desto leichter verkauft sich Kunst, ob echt oder gefälscht. Besonders hier zeigte sich Drewe erfinderisch, er fälschte Dokumente, Unterschriften und erfand die tollsten Geschichten zu Herkunft und Hintergrund.

Sein größter „Stunt" des Provenienz-Betrugs passierte direkt an den Quellen, also in Archiven und Bibliotheken. Er übermachte zum Beispiel der Tate Gallery eine signifikante Geldspende und erlangte dadurch exklusiven und freien Zugriff auf die in der Tate Britain aufbewahrten Nachlässe von Galerien und Auktionshäusern. In diese schmuggelte er dann von ihm nachgemachte Dokumente ein, um die Provenienz der von Myatt gefälschten Bilder belegen zu können. So ergänzte er gern mal eine Seite in einem der dort eingelagerten alten Auktionskataloge um eines der Myatt-Werke. Wenn das Auktionshaus oder die potentiellen Käufer zur Provenienzforschung in das Archiv kamen, dann fanden sie dort den vermeintlichen Beweis der Echtheit.

Die Kooperation von Drewe und Myatt dauerte etwa zehn Jahre. Als John Drewe schlussendlich 1996 nach einer Hausdurchsuchung verhaftet wurde, baute er weiter an seinen Lügengebäuden und setzte auch hier wieder sein betrügerisches Talent ein. Er fälschte Zertifikate von Ärzten, die ihm Haftunfähigkeit bestätigten. Ein mit dem Fall befasster Polizeiinspektor beschrieb den Fall John Drewe als extrem arbeitsaufwendig, allein deshalb, weil immer wieder Dokumente und Behauptungen von Drewe überprüft werden mussten, die sich in den meisten Fällen als falsch herausstellten.

Das Kunstfälscher-Duo der beiden Johns kann man exemplarisch verstehen. In Deutschland erlangte erst vor wenigen Jahren der Kunstfälscher Wolfgang Beltracchi großes Aufsehen. Auch er bediente sich unkonventioneller und zugegebenermaßen ziemlich erfindungsreicher Methoden, um die Echtheit seiner Fälschungen zu validieren. Er besorgte sich etwa eine alte Foto-Kamera und altes Fotomaterial und ließ seine Frau in Kleidung der 30er Jahre als deren Mutter vor Wänden mit seinen Fälschungen posieren, um damit zu zeigen, dass diese schon über mehrere Generationen im Familienbesitz wären.

Die menschliche Psychologie baut auf Wahrhaftigkeit und verführt den Menschen instinktiv relativ schnell zu glauben, was er sieht, denn häufig müssen wir schnell reagieren – besonders bei Gefahr im Verzug sind Übervorsicht und schnelle Reflexe von Vorteil. Das Hinterfragen kommt häufig erst später. Diese Prägung ist seit Jahrtausenden ein evolutionärer Vorteil. Wenn ein Ast im Wald knackt, dann ist das wahrscheinlich selten ein Tiger, aber es ist besser zu glauben, dass es ein Tiger, Wolf oder Löwe sei – und vor dem Geräusch davonzulaufen. Unser übermütiger Vorfahre, der einfach stehen blieb und das Geräusch im Wald vielleicht hunderte Male einem Vogel zuordnen konnte, wurde irgendwann von Tiger, Bär oder Rhinozeros erwischt und konnten seine Gene entsprechend nicht mehr erfolgreich weitergeben.

Geht es um Kunst oder rare Objekte, auf die wir scharf sind, vernebeln uns noch ganz andere Gedanken und Emotionen, wie zum Beispiel Gier, unsere Sinne. Wir Menschen leiden oft an einer verzerrten Wahrnehmung und wünschen uns, dass das Gute wahr sei, das Gemälde des gesuchten Künstlers echt, der Wein aus dem raren Weingut authentisch, der vielleicht noch dazu von einem traditionsreichen Auktionshaus angeboten wird. Wir wollen, dass dieser Moment für uns wahr ist und das beeinflusst gern mal unser Urteilsvermögen – hier lassen wir uns sprichwörtlich die Sinne vernebeln. Dazu kommt der Fakt, dass es bei raren Objekten auch noch um viel Geld geht, der Auktionator wünscht sich den Deal, der Kunsthändler ebenso wie der Sammler, alle wollen an das neu entdeckte Meisterwerk glauben.

Der 2014 zu zehn Jahren Gefängnis verurteilte Weinfälscher Rudy Kurniawan spezialisierte sich auf die seltenen Burgunder-Weine der Domaine de la Romanée-Conti. Immer und immer wieder konnte er ganze Kontingente Romanée-Conti Weine finden, diese verkaufen und in seinem hochvermögenden Bekanntenkreis konsumieren. Er begeisterte Kunden und Fans; Scharen von Jüngern hingen mit ihren Lippen an seinen, wie sich später herausstellte, gefälschten Weinen. Der „Junge" war so ein Segen für weite Teile der Weinszene in Kalifornien, immer wieder tat er die feinsten Vintage-Romanée-Conti Weine auf. Wer will da Spielverderber sein und die offensichtliche Frage stellen, wo denn plötzlich so große Mengen dieser exklusiven und häufig nur in wenigen Flaschen pro Jahrgang hergestellten Weine herkommen sollen. Im Nachhinein ist es dann schnell allen klar, aber im Weinrausch oder im Kunstrausch werden die frühen Kassandra-Rufer häufig ignoriert oder gar verlacht.

Mit „F for Fake" hat Orson Wells einen wunderbaren Film um das Thema Fälschung und Wahrheit gedreht. Im Zentrum steht die Geschichte des Kunstfälschers Elmyr de Hory und seines Biografen Clifford Irving. Letzterer schrieb ein wunderbares Buch über das Leben des Fälschers de Hory. Der Autor Irving war allerdings ebenfalls als Fälscher tätig, er schrieb nämlich auch die Biographie von Howard Hughes und erregte damit großes Aufsehen. Hughes lebte zurückgezogen und kommunizierte kaum mit der Außenwelt. Wie war es für Irving möglich, eine Biografie mit vielen neuen Details über Hughes zu schreiben? Ganz einfach: Er hat sie erfunden. In „F for Fake" treibt Orson Wells ein Verwirrspiel um Schein und Sein, um die beiden Fälscher, aber auch um uns, das Publikum, und zeigt, wie leicht wir Menschen willens sind, den richtigen und den falschen Fährten zu folgen.

Was hat das Ganze nun mit Kommunikation zu tun? Kommunikation ist ja immer Mittel zum Zweck, ob unbewusst oder bewusst; sie wird zum Werkzeug, um andere Menschen mitzunehmen, zu überzeugen oder auch ganz bewusst zur Manipulation. Kommunikation kann klar, offen und deutlich sein, vielleicht sogar wahrhaftig, aber häufig ist Kommunikation manipulativ, nicht immer bewusst, weder für den Sender noch für den Empfänger. Im Falle der bespielhaft erwähnten Fälscher und Betrüger ist Kommunikation immer strategisch angelegt, zur Erreichung ganz eigennütziger wie illegaler Ziele. Gut verpackt, ist die unehrliche Kommunikation schwer durchschaubar; die erfolgreichsten unter den Manipulatoren beherrschen Kommunikation als Werkzeug perfekt, ob Kunstfälscher, Hochstapler oder Betreiber eines sogenannten Pyramidensystems.

Axel Springer

Gründer und Inhaber der heutigen Axel Springer AG

(1912 bis 1985)

Axel Cäsar Springer wird 1912 in Altona geboren. Die einstmals dänische Stadt soll erst ein gutes Vierteljahrhundert später dem angrenzenden Hamburg zugeschlagen werden.

Springer beginnt seinen Weg mit einer Lehre als Schriftsetzer und Drucker im väterlichen Betrieb. Der Vater ist Verleger und gibt die Altonaer Nachrichten sowie die Hamburger Neuesten Nachrichten heraus.

Während der NS-Zeit ist auch der junge Springer für manch „linientreuen" oder antisemitischen Text als Verleger, der in den Blättern erscheint, mit verantwortlich. 1941 führt die kriegsbedingte Papierrationierung zur Einstellung der Verlagstätigkeit.

Unmittelbar nach Kriegsende erhalten die Springers von der britischen Besatzungsmacht die Lizenz zum Drucken und Publizieren. Man beginnt mit Kalendern und Büchern. Doch schon 1946 können im Hause Springer die Nordwestdeutschen Monatshefte periodisch erscheinen. Sie enthalten Beiträge des eben zugelassenen Nordwestdeutschen Rundfunks.

Aus dieser Radiozeitung entsteht noch im selben Jahr die „Hör zu!" (später Hörzu). Von nun an nimmt Springers Presseimperium einen kometenhaften Aufstieg, der es und seinen „creator mundi" in gleichsam cäsarische Höhen führen wird. Die Titelstichworte lauten Constanze (zusammen mit John Jahr), Hamburger Abendblatt, Bild, die Welt und die Welt am Sonntag.

Millionenauflagen und Millioneneinkünfte sind der Gewinn des findigen Presseverlegers. Rundfunkzeitschriften, Boulevardzeitungen: All dies bedient Bedürfnisse der Zeit.

Mit der Übernahme des Ullstein-Verlages vergrößert Springer sein Imperium um die B.Z. und die Berliner Morgenpost.

Sein Aufstieg scheint unaufhaltsam: 1966 wird in Anwesenheit des Bundespräsidenten das neue Verlagshaus in der damaligen West-Berliner Kochstrasse (heute: Rudi-Dutschke-Strasse) eröffnet. Direkt an der Mauer in den Ostsektor der geteilten Stadt weisend, stellen Verortung und golden glänzende Hochhausfassade durchaus ein Signal gen ostdeutschem Staat dar.

1972 schreibt Springer einmal: „Die SPD schien mir während einer langen Periode die Partei eines geläuterten Patriotismus zu sein, die, engen Nationalismus verachtend, in großartiger Haltung die nationalen Belange unseres Volkes vertrat. An Kurt Schumacher denke ich da und an Fritz Erler, an Ernst Reuter und eben auch an den frühen Willy Brandt."

Springer hat sich der frühen Nachkriegs-Sozialdemokratie in Hamburg zumindest als Unternehmer bedient, der auf Netzwerke in der Politik angewiesen ist. Springer leidet unter der Teilung Deutschlands und seiner eigentlichen Hauptstadt Berlin.

1958 unternimmt er auf eigene Faust eine Reise nach Moskau, um den dortigen Kreml-Oberen seinen Plan zur Wiedererlangung der deutschen Einheit darzulegen. In Moskau leiht er sich vom Russland-Korrespondenten Gert Ruge im Hotel eine Schreibmaschine, um seine Vorstellungen zu Papier zu bringen.

Springers Vormarsch sollte zum Fiasko werden. Niemand will etwas von seinem Plan wissen. Diese Zurückweisung scheint für den nicht gänzlich uneitlen Missionar des Westens eine tiefwirkende Kränkung gewesen zu sein.

Springer und die irdenen Heerscharen, die ihre Texte aus seinen Druckerpressen schießen lassen, schreiben von nun an gegen den „Osten", aber auch gegen die SPD und gegen die sich entwickelnde Außerparlamentarische Opposition an.

Springer drückt es einmal unmissverständlich aus: Für ihn sei die DDR weder deutsch, noch demokratisch oder eine Republik. Dementsprechend muss jeder Artikel in der Welt den Ausdruck DDR in Anführungsstriche setzen. Die Mauer ist ihm das brutale Sinnbild eines barbarischen Systems. All dies, während Brandt, Bahr oder Scheel bemüht sind, einen Wandel durch Annäherung zu bewirken.

Ein derart Profilierter hat es auch mit Feinden zu tun. Da sind einerseits Gegner seiner Marktmacht, vor allem aber eine radikale Linke, die sich teils auch zur Anwendung krimineller Gewalt bereit zeigt.

„Springer", „die Springer-Presse" werden zu Feindbildern demonstrierender APO-Anhänger. Krawallartige Demonstrationen vor dem Sitz des Springer-Verlages in Berlin sind der Beginn. Es folgen 1972 Anschläge auf Privathäuser des Verlegers auf Sylt und in Gstaad. Vor allem aber der Bombenanschlag auf das Hochhaus des Springer-Verlags in Hamburg, ebenfalls 1972, durch die Rote Armee-Fraktion verübt, stellt den schrecklichen Höhepunkt linken Widerstands auf verschiedenen Ebenen dar.

Und Springer selbst? Hätte man ihm zuhören wollen oder können, so wäre vielleicht manches dialogischer verlaufen.

Springer leidet an der deutschen Schuld für die Shoa. Mit Wort und Geld setzt er sich für den Aufbau Israels ein. Man dankt es ihm dort mit Preisen.

Aus dem Impetus des „Nie wieder!" spricht sich Springer 1979 ausdrücklich gegen eine Verjährung von Mord aus. NS-Täter dürften nicht ungeschoren davon kommen – und kommunistische Täter auch nicht, fügt er hinzu.

Ein „typischer Springer" ... doch wer ist er eigentlich?

Der elegant wirkende, distinguierte Hanseat versteht es, zu becircen. Fünf Ehen und vier Scheidungen zeugen hiervon. In seiner zuweilen tändelnd daherkommenden Art folgt Springer einem sehr eigenen unabhängigen Kompass, der sich auch aus Quellen der Astrologie oder der Bibel speist: Innere Freiheit und Intuition prägen ihn.

Goethe schrieb einmal: „Der Starke ist am mächtigsten alleine." Springer benötigt gleichwohl für seine Entscheidungen den beratenden Dialog. Stets ist er im Konzern umgeben von Managern, Juristen, Vertrauten, Redakteuren, Weggefährten wie etwa Hans Zehrer, Peter Boenisch, Bernhard Servatius, Peter Tamm, Christian Kracht oder Ernst Cramer. Diese Führungsriege hat amorphe Strukturen: Zuständigkeiten werden durchbrochen, Menschen „ausgetauscht". So sehr Springer rationaler Zahlenmensch sein muss, er bleibt ein intuitiver Unternehmer; und hierin bringt er es zur Meisterschaft.

Wie bestehen neben so einem kraftvollen Vater? Sein Sohn Axel Springer jr., der unter dem Synonym Sven Simon als Pressefotograf erfolgreich ist, hält es gleichwohl nicht mehr aus und nimmt sich 1980 das Leben.

Für den Vater ist dieser schreckliche Schrei nach Liebe gleichsam ein Bruch. Mehr und mehr zieht sich Springer in seine Villa in Falkenstein vor den Toren Hamburgs oder in seine griechische Dependance zurück. 1985 verstirbt er in West-Berlin.

Was war sein kommunikatives Geheimrezept? Die Antwort lautet wohl: Intuition gepaart mit Intelligenz. Diplomatie gepaart mit der Härte, seine Ziele zu verfolgen, kommt ebenso hinzu wie der zuweilen unerlässliche Kairos. Zudem stand und steht Axel Springer für einen klaren Wertekompass, dessen Kernpunkte bis heute jeder Mitarbeiter des Springer-Konzerns vor Dienstantritt zu unterschreiben hat:

1. Das Bestreben, die deutsche Einheit zu befördern (nach 1989: Das Bekenntnis zu einem freiheitlichen Deutschland in Europa in der westlichen Staatengemeinschaft.)

2. Das Eintreten für eine Aussöhnung zwischen Deutschen und Juden sowie die Bejahung der Existenz des Staates Israel.

3. Das Befürworten der transatlantischen Beziehungen zu den USA.

4. Die Ablehnung jeder Form von Totalitarismus.

5. Die Verteidigung der Werte sozialer Marktwirtschaft.

Hans Albers

Schauspieler und Sänger (1891 bis 1960)

„Kinder! Wenn der 'ne Bahnhofshalle betritt, ist der Raum voll!"

Rumkriegen? Rums, bin da!

Hans Albers war ein „Urvieh", nicht nur auf der Bühne. Eine solche Präsenz kann man nicht gänzlich erlernen, die „hat" man. Und er hatte sie: Hans Philipp August Albers.

1891 wird er als Sohn des Schlachters Philipp Albers, genannt der „schöne Wilhelm", und seiner Frau Johanna Dorthea geboren. Und wo? Natürlich: in Hamburg St. Georg. Aus der Schule flog er gleich zwei Mal – „der Albers lässt sich nichts bieten". Einmal wehrte er sich gegen einen prügelnden Lehrer.

Besser erging es ihm im Schwimmklub Alster, da war er wer. Nach der Schule absolvierte Albers eine Kaufmannslehre und arbeitete als Textilkaufmann in Frankfurt am Main.

In der hessischen Metropole nahm der junge Mann mit dem eindringlichen Blick seine ersten Schauspielstunden. Mutter steckte ihm dafür Geld zu, Vater blieb ahnungslos. Und das „lief". Der „jugendliche Liebhaber" war 1912/13 am Theater in Güstrow gefragt. Alles noch nen büsch'n lütt, aber es ging.

Kurz darauf zog das Völkerschlachten auch Albers in den Strudel. Er musste 1915 als Infanterist an die Westfront. Ein Bein zerschossen: „Das amputiert ihr mir nicht!"

Genesen? Ab auf die Bühne! Vom Lazarett in Wiesbaden führte der Weg direkt ins dortige Residenztheater: lustige Genres, Operetten.

Ab 1917 wohnte Albers in Berlin. Auftritte in Theatern, der Komischen Oper oder Nelson-Revuen reihten sich aneinander. Lustige, burschikose Rollen. Akrobatik und Gesang kamen hinzu. Der Film – das sollte Albers Medium werden. Wie nix spielte er über hundert Stummfilme runter.

Als 1929 der Tonfilm in die Kinos kam, war Albers einer der ersten, die mitwirkten. Als Artist Mazeppa spielte er an der Seite von Marlene Dietrich in „Der blaue Engel" mit.

Obwohl er noch in großen Theaterrollen zu sehen war, Albers' Welt waren Film und Gesang.

Filmrollen in „Bomben auf Monte Carlo" (1931) oder in „F.P.1 antwortet nicht" (1932), musikalische Erfolge wie „Hoppla, jetzt komm' ich!" (1931) oder „Flieger, grüß mir die Sonne" (1932), die zu Gassenhauern wurden, machten Albers endgültig zum Star. Der „blonde Hans" mit seinen stahlblauen Augen, der Held mit dem burschikosen Auftreten kam gut an.

Das wussten auch die Nationalsozialisten, die ab 1933 die Diktatur in Deutschland errichteten. Aber Albers besaß in ihren Augen einen schweren Makel: Er war mit einer Jüdin liiert, der Schauspielerin Hansi Burg. Albers trennte sich offiziell von der in dieser Zeit schwer Bedrohten. Unter der Hand lebte er mit ihr jedoch weiter zusammen, am Starnberger See. Unweit von Tutzing besaß er ein Anwesen.

Diese Lösung konnte nicht von Dauer sein, da der Verfolgungsdruck für Hansi Burg zu groß wurde. 1939 konnte Albers sie über die Schweiz nach England emigrieren lassen. Er selbst blieb im „Dritten Reich".

Wenngleich er mit den Nationalsozialisten nichts am Hut hatte – einen Schauspielpreis durch Josef Goebbels zu erhalten, lehnte er ab – so nahm Albers deren höchstbezahlte Angebote für Filmrollen doch an. Unterhaltungsfilme wie „Der Mann, der Sherlock Holmes war" (1937) ließen ihn durch das mit Heinz Rühmann gesungene „Jawoll, meine Herren" in aller Ohren sein. Gleiches galt für den Song „Goodbye Johnny" aus dem Abenteuerfilm „Canitoga".

Als Darsteller und Produzent wirkte Albers an dem Propagandafilm „Carl Peters" (1941) über den deutschen Kolonialisten in Afrika mit.

Ungebrochen ging es nach dem Krieg weiter. In „Auf der Reeperbahn nachts um halb eins" (1954) oder „Das Herz von St. Pauli" (1957) war er weiterhin der alte Haudegen, dessen Lebenserfahrung sich in Liedern niederschlug.

Kontinuitäten gab es auch anderswo: Hansi Burg kehrte nach dem Krieg zu ihm zurück. Für sie trennte er sich von seiner Freundin, mit der er zwischenzeitlich zusammengekommen war.

Den heiligen Stand der Ehe hat Albers nie gesucht; hätte irgendwie auch nicht zu ihm gepasst. Zu diesem Mann aus einem Guss gehörte auch die Zigarette oder Zigarre und das gut gefüllte Glas. Letzteres sollte ihm in seinen späten Lebensjahren zunehmend zum Verhängnis werden. Albers starb am 24. Juli 1960 am Starnberger See; beigesetzt wurde er jedoch in Hamburg. Wo sonst?

Ralf Dümmel

Geschäftsführer der DS Produkte, Investor,
Fernsehshow–Host (geboren 1966)

Die Zugewandtheit zu Menschen kommt aus dem Herzen. Man benötigt für diesen Allgemeinplatz keinen Stadtplan. Gibt es darüber hinaus aber so etwas wie eine kapitalistische Freundlichkeit? Verselbständigt sich also die Notwendigkeit, einem Kunden aufgeschlossen gegenüberzutreten, um hierdurch möglicherweise den Absatz eigener Produkte zu fördern? Wer also kommt zuerst, die menschliche Henne oder das kapitalistische Ei?

Der TV-Sender Vox strahlt seit mehreren Jahren die Show „Höhle der Löwen" aus. Das Format folgt der US-Sendung „Shark Tank" (bzw. dem internationalen Format „Dragons' Den", dass sich wiederrum an dem japanischen Original „The Tigers of Money" orientiert). Einer Investorenrunde werden Produkte von Start-Ups als Investment angeboten.

Ralf Dümmel ist seit 2016 Mitglied des Investorenteams der Serie im deutschen Fernsehen.

Man erkennt ihn sofort. Dümmel trägt maßgeschneiderte Anzüge, deren farbliche Akzente - Jackettfutter, Einstecktuch oder Weste - mit der Farbe seines Hemdes, der Socken oder seiner Schuhsohlen korrespondieren.

Vor allem aber besticht Dümmel durch Herz und Boden-ständigkeit. Man merkt: Da ist einer, dem es nicht immer leicht gemacht wurde. So etwas macht im guten Sinne demütig für Andere.

Der norddeutsche Akzent Dümmels verweist auf seine Herkunft Bad Segeberg. Mutter Elke arbeitet in einer Reinigung. Sein Vater Norfried, eigentlich Verkäufer und Fußbodenverleger, verdient sein Geld als Fahrer, später im Innendienst bei der Firma Möbel-Kraft in Bad Segeberg.

Genau hier besuchte Ralf Dümmel zunächst Haupt- und Realschule. Wie der Vater heuert der junge Dümmel zunächst bei Möbel-Kraft an.

Somit aus dem Einzelhandel kommend, arbeitet er sich Jahr um Jahr zu einem der geschäftsführenden Gesell-schafter des Handelshauses DS Produkte hoch.

Seit 1996 in dieser Position, hat Dümmel das Unterneh-men zu neuen Höhen geführt. Es zählt heutzutage zu den größten Handelshäusern Europas und vertreibt über 4.000 Produkte vorwiegend für den Einzelhandel. Die DS Produkte beschäftigt mehr als 400 Mitarbeiter, der Umsatz bewegt sich im Bereich um 250 Millionen Euro (Stand: 2015).

Der Unternehmenssitz in Stapelfeld bei Hamburg ist um ein Logistikzentrum in Gallin/Mecklenburg-Vor-pommern sowie Büros in Hongkong, Ningbo/China und Polen ergänzt worden.

Dümmel sagte dem Sender Vox einmal über seine Arbeit: „Mein Leitsatz ist 'Können kommt von Wollen' und das Wichtigste ist, dass man für das, was man macht, wirklich brennt. Karriere und Unternehmertum erfordern Disziplin, Knowhow und vor allem ganz viel Leidenschaft [...] Nie sollte man den Respekt vor anderen Menschen verlieren - das Team ist das Wichtigste und der Austausch muss immer auf Augenhöhe passieren - egal, welcher Titel auf der Visitenkarte steht."

Dümmel brennt für seine Sache; mit Augenmaß und Leidenschaft. Wer ihn als Fernsehzuschauer in Verhandlungen mit jungen Start-Up-Unternehmern erlebt, die sich inzwischen ihm und anderen „Löwen"-Investoren entscheiden, der merkt dies. Die Mimik angespannt, die Hände schützend vor das Gesicht gehalten – gibt es den Zuschlag, folgt eine Freudenexplosion: Umarmung, Freudensprünge, Jubel.

Bekommen andere den Zuschlag, verspürt man: Dümmel kann nicht gut verlieren. Dies hat er schon beim von ihm geliebten Fußballspielen unter Beweis gestellt.

Dümmel wurde einmal gefragt, welches noch nicht entwickelte Produkt ihm einmal für ein zukünftiges Investment vorschwebe. Die launige Antwort lautete: „Wenn ich mir ein Produkt wünschen könnte, dann wäre es auf jeden Fall eines, das mir ermöglicht, so viel Eis, Pommes und Currywurst zu essen, wie ich möchte, und dennoch abzunehmen."

Jüngst stand im TV-Studio ein Anbieter von Currywurst in Dosen vor ihm. Er suchte Geld und war finanziell kurz vor dem Aus durch die wirtschaftlichen Engpässe während der Corona-Pandemie. Das Warten auf staatlicherseits zugesagte Corona-Hilfen zog sich Monate hin. Offen berichtete der Familienvater von seiner Lage. Dümmel, den Tränen nahe, sprang auf und bot dem Mann eine Kooperation an.

Dies war nicht dem Bekenntnis zu Pommes und Currywurst geschuldet. Dümmel wusste: Jeder Unternehmer hat schon einmal in den Abgrund geschaut. Damit ehrlich umzugehen, schärft den Blick für Auswege aus der Malaise.

Ralf Dümmel lebt und verkörpert „sein" Handelshaus, die DS Produkte. Auch nach dessen kürzlich erfolgtem Verkauf verbleibt er in der Führung des Unternehmens.

Jeder könnte Kunde sein, jeder Mensch verdient Respekt. In Dümmels Zugewandtheit mischen sich reife Menschlichkeit und die Erwägungen des „geborenen" hanseatischen Kaufmanns ohne Allüren. Mit dieser Persönlichkeit bekommt Dümmel seine Mitmenschen „rum". Die oben erwähnte Henne und deren Ei sind bei ihm in menschlicher Weise eine Einheit.

Aristoteles Onassis

Reeder mit bis zu 900 Schiffen (1906 bis 1975)

Untergehen oder den Kopf über Wasser halten, durchkommen?

Aristoteles Sokrates Homer Onassis hat sich für die zweite Möglichkeit entschieden. Sein Leben sollte mehr sein als ein Überleben – weitaus mehr.

1906 kommt er in Smyrna auf die Welt. Das Osmanische Reich, in das er hinein geboren wird, befindet sich in Auflösung. Der Vater ist ein Tabakhändler, die Mutter stirbt, als er eben sechs Jahre alt ist. Nach diesem ersten Bruch wird er von seiner Großmutter christlich erzogen.

Allein sein Dasein als Grieche und Christ erweist sich als existentielle Bedrohung. Im Übergang vom Osmanischen Reich zur Türkei kommt es zum griechisch-türkischen Krieg, zu massenhaften Vertreibungen, „ethnischen Säuberungen".

Ausgestattet mit einem Nansen-Pass, benannt nach dem Polarforscher und späteren Flüchtlingskommissar Fridtjof Nansen, vermag Onassis per Schiff zu fliehen, nach Argentinien. Was dort tun mit 16? Untergehen? Nein!

Der junge Hellene schlägt sich durch – als Kurier, als Telefonist, als Page. Als Erster importiert er türkischen Tabak nach Argentinien. 1924 ist er damit derart erfolgreich, dass er eine Zigarettenfabrik besitzt. Du hast keine Chance, nutze sie!

Es folgt die Ausfuhr von Häuten, Fellen, Getreide und Futtermitteln aus dem boomenden Lateinamerika ins Nachkriegseuropa.

Es läuft. Um alles zu transportieren, beginnt Onassis mit dem Aufkauf von Schiffen. 1932, mit 26 Jahren, hat er seine erste Reederei.

Er liebt das Spiel und er beherrscht es: „Geld darf man nicht nachlaufen. Man muss ihm entgegen gehen."

Im Zweiten Weltkrieg kann er den alliierten Mächten die erste Flotte zur Verfügung stellen. Krösus kann gekrönt werden. Bei Kriegsende wird Onassis' Vermögen auf 100 Millionen US-Dollar geschätzt.

Die im Wiederaufbau begriffene Welt braucht Tanker und andere Transportschiffe, und Onassis hat sie. In den fünfziger Jahren umfasst seine Flotte bereits 900 Schiffe, verteilt auf 30 Reedereien, die Onassis sein Eigen nennt.

Wohin mit all dem Geld? Onasssis verfügt über eine traumhafte Yacht. Er kauft eine Insel – Skorpios – im Ionischen Meer.

Seit 1948 baut er auch eine eigene Walfangflotte auf, um diese – gewinnbringend – nach acht Jahren an japanische Käufer zu veräußern.

Und dann: Monaco – der Inbegriff von Luxus, Jetset sowie der mondänen Schönheit von Verschwendung und Überfluss. Onassis hat sich hier die Kapitalmajorität über das gewinnträchtige Casino und die meisten der Luxushotels gesichert. Fürst Rainer von Monaco ist dieser fremde Kapitaleinfluss ein Dorn im Auge. Er versucht, über eine Kapitalerhöhung der monegassischen Casino- und Hotelgesellschaft den Stimmrechtsanteil von Onassis zu senken. Es kommt zum Streit zwischen beiden. Nach zähem Ringen lenkt Onassis ein und verkauft sein Investment dort.

Er will aber noch höher hinaus.

Olympic Airways wird seine Fluglinie; zu jener Zeit die einzige Großfluggesellschaft in Privateigentum.

Seine Heimat ist und bleibt Griechenland. Selbst als 1967 hier das Militär putscht und eine Diktatur errichtet, vermag Onassis seinem Heimatland verwurzelt zu bleiben.

Der Rastlose, stets charmante Patriarch heiratet 1946 Athina Livanos, die Tochter eines griechischen Reeders. Doch die zunehmend sichtbar werdende Affäre des Multimillionärs mit Maria Callas führt zur Scheidung des Ehepaares.

Maria Callas – ihre Stimme ist unerreichbar, ihre Schönheit ebenso. Doch ist sie mehr als ein Beutstück für den hungrigen, nicht allzu kunstsinnigen Großreeder.

Die beiden verbindet eine unzerstörbare Seelenverwandtschaft; trotz allem. Noch weiter hinaus? Der

Unersättliche und die reizbare Diva beginnen, sich zunehmend zu streiten und Jacqueline Kennedy, die Stilikone der frühen 1960er Jahre, ist in Sicht. Eine feurige Affäre: Onassis heiratet sie 1968. Zu hoch hinaus? Onassis hat diese Ehe schon rasch als einen großen Fehler empfunden. Seine Vertraute und Beraterin bleibt Maria Callas.

Mit Jacqueline kurz vor der Scheidung stehend, verstirbt Onassis 1975.

Er sucht das Überleben und schien, wie König Midas, etwas, irgendetwas anzufassen, was zu Gold wurde. Getrieben vom Erfolg, suchte er vermutlich auch Geborgenheit, irgendwie: „Ein reicher Mann ist oft nur ein armer Mann mit sehr viel Geld." Er fügte hinzu: „Gäbe es keine Frauen, wäre all das Geld auf der Welt bedeutungslos."

Der unbedingte Wille zum Erfolg, die Aura des Erfolgreichen und dann das mondäne Leben des Jetsets mit Yacht, Callas und Jackie Kennedy, den begehrtesten Frauen seiner Zeit. Onassis war eine Legende, die sich stets selbst im Erfolg erneuerte und immer weiter nach oben strebte.

Steve Jobs

Mitbegründer und CEO von Apple und
Pixar Animation Studios (1955 bis 2011)

Für den Durchbruch des Personal Computers, für unternehmerischen Erfolg, für Kreativität und für vieles mehr ist Steve Jobs ein Paradebeispiel. Er leistete einen wesentlichen Beitrag dafür, dass wir unsere Computer per Mouse und über eine grafische Benutzeroberfläche bedienen. Mit dem iPod zeichnet Steve Jobs wesentlich dafür verantwortlich, dass mobiles Musikhören, nach der Erfindung des Walk Man durch Sony in den 80er Jahren, ein weiteres Mal revolutioniert wurde. Und selbstverständlich verhalf er durch die Entwicklung des iPhones zum Durchbruch des Smartphones und unserer nahezu grenzenlosen Datenmobilität.

Dabei wurden weder Mouse, noch grafische Benutzeroberfläche von Steve Jobs erfunden, Xerox hatte diese Lösungen zuerst, aber Jobs war es, der deren wahres Potential sofort erkannte und die beiden Innovationen aus dem „Elfenbeinturm" holte und zum Bedienungsstandard machte. Der ganz große Durchbruch dieser beiden Mega-Innovationen kam zwar durch das Windows-Betriebssystem von Microsoft, doch Microsoft hatte die Idee auch nur von Apple abgekupfert und schneller in den Markt gedrückt. Microsoft machte also eigentlich das Gleiche wie Apple, doch anders als bei Apple wurde die Ursprungsidee bei Microsoft nicht massiv und gnadenlos optimiert und in eine beeindruckende User-Experience verwandelt, sondern lediglich in ihrem Grundprinzip umgesetzt – auch hilfreich und wunderbar, aber eben ohne Eleganz und „Wow-Faktor", wie das bei Apple-Produkten und -Software üblicherweise der Fall ist.

Steve Jobs rastete förmlich aus, als er damals erfuhr, dass Microsoft ein Betriebssystem mit grafischer Benutzeroberfläche auf den Markt bringen würde, noch vor Apple. Schließlich arbeiteten einige Programmierer von Microsoft als Subunternehmer an der Apple-Oberfläche. Nur dadurch erfuhr Bill Gates erst davon, übernahm diese Idee und setzte Sie für Windows um. Jobs flippte aus, schrie Gates in einem nahezu cholerischen Anfall laut an, doch Gates blieb locker und sagte, so in etwa, warum sich Jobs denn so aufrege, wenn jemand das Gleiche mit ihm mache, wie er selbst mit Xerox.

Steve Jobs war kein Erfinder völlig neuer Innovationen, sondern ausnahmebegabt darin, aus Vorhandenem etwas Neues und Großartiges zu machen, immer wieder und immer wieder. Dabei war er häufig ein Verbinder, der in der Lage war, zwei Dinge, zwei Anwendungen zu sehen und aus diesen eine neue Anwendung bzw. ein neues Produkt zu machen, so wie aus der Verschmelzung von Music-Player und Telefon zum iPhone. Auch für die für Apple so typische Einfachheit in Design und Nutzung, das minimalistische Motiv, die intuitive Bedienbarkeit, die nahezu alle Apple-Produkte ausmachen, orientierte sich Jobs (und sein legendärer

Chef-Designer Jony Ives) unter anderem an den Produkten der deutschen Firma Braun, genauer den Produkten des damaligen Chef-Designers von Braun, Dieter Rams. So ähnelt der erste iPod, der sich nur über ein großes Rad in der Mitte bedienen lässt, täuschend einem Radio der Firma Braun aus dem Jahr 1958.

Das schmälert Erfolg und Verdienst von Steve Jobs natürlich nicht im Geringsten, gut passend zu der Isaac Newton zugeschriebenen Metapher des „Standing on the Shoulders of Giants", also die Würdigung des Fundaments, das durch andere vorher gelegt wurde, und das die Entstehung neuer Ideen, Erfindungen und Innovationen erst möglich machte. Das Newton-Zitat könnte nicht besser zu Jobs und Apple passen, denn das erste Logo der Firma zeigte den berühmten Moment von Newton und dem Apfel, der bei Newton zur Erkenntnis der Gravitation geführt haben soll und der für Apple sowohl den Namen als auch das Logo lieferte. Newton (genauer „Apple Newton MessagePad") hieß auch das erste PDA, das von Apple entwickelt wurde.

Jobs war Weltmeister im Verbinden von Dingen und Ideen. Nach seiner Erfahrung machen erfolgreiche Kreative selbst eigentlich nicht viel, sie sehen eben „nur" Neues in bereits Bestehendem, die ihnen plötzlich völlig offensichtlich erscheinen, der Rest ist „nur" Umsetzung, so wie die Verbindung von Telefon, digitalem Musik-Player und mobilen Computer zum iPhone. Alle drei Produkte waren vorhanden, nur hat sie vorher niemand vernünftig und gut anwendbar zusammengebracht. Jobs hat diesen Prozess selbst so beschrieben: „Creativity is just connecting things. When you ask creative people how they did something, they feel a little guilty because they didn't really do it, they just saw something. It seemed obvious to them after a while. That's because they were able to connect experiences they've had and synthesize new things."

Verbessertes Kopieren ist ein wichtiges Fazit, betrachtet man die Karriere von Steve Jobs. Eines der wichtigsten Prinzipien von Steve Jobs ist Innovation durch Reduktion, das gilt nicht nur für Produkte und Anwendungen, sondern auch für Business-Strategie und Management-Stil. 1997 kam Jobs als Interim-CEO zurück zu Apple (er verließ das Unternehmen 1985 nach internen Konflikten mit dem Management). Zu diesem Zeitpunkt stellte Apple über 350 verschiedene Produkte her. Er hat dieser Zahl innerhalb kurzer Zeit radikal auf zehn reduziert – Konzentration und Fokus auf das Wesentliche! Für die Produktentwicklung gilt das gleiche Prinzip, es geht um das Wesentliche, die Lösung eines Bedürfnisses auf effiziente und innovative Art, daran orientieren sich alle Apple-Produkte – das iPhone mit nur einem Schalter, der iPod, der sich über ein einziges Rad bedienen lässt, sind dafür beeindruckende Beispiele.

Der Führungsstil von Steve Jobs gilt zumindest in Teilen als autokratisch; er war wohl auch nicht immer feinfühlig im zwischenmenschlichen Umgang (siehe das oben genannte Beispiel mit Bill Gates), das betrifft seine persönlichen Beziehungen z.B. zu seiner Frau, aber auch den Umgang mit seinem ersten und wichtigsten Freund und Business-Partner, Steve Wozniak. Sein

Führungsstil ist flach motivierend und involvierend, zudem in vielen Beziehungen ein typisches „Leading by Example". Zum einen war er immer sichtbar und immer an vorderster Front, brachte sich ein und inspirierte damit die verschiedenen Teams; nach seiner eigenen Aussage war dies auch das Grundverständnis seiner Aufgabe. Er stand ständig mit den verschiedenen Teams im Austausch. Er wollte die Firmenhierarchie flach halten, so dass immer ein kreativer Geist herrsche, dass die verschiedenen Talente genügend Freiheit und Inspiration hätten. Dazu passend sagte er mal: „Innovation has nothing to do with how many R&D dollars you have. When Apple came up with the Mac, IBM was spending at least 100 times more on R&D. It's not about money. It's about the people you have, how you're led, and how much you get it."

Jobs mag nicht immer feinfühlig im Umgang mit Menschen gewesen sein, aber er war – ganz Meister der Komposition – extrem gut darin, verschiedene Talente aufzuspüren und zu produktiven und innovativen Teams zusammenzusetzen. Das Personal musste passen, genauso wie jedes Teil eines Apple-Produktes perfekt passen muss. Bewerbungsgespräche konnten endlos lang sein in diesen Tagen. Motivieren, mitnehmen, inspirieren, um aus den richtigen Leuten das Beste herauszubekommen für die Firma, für die Vision. Er setzte auf freie Entfaltung seiner Leute, wollte keine Kritiker, sondern Optimisten und Visionäre, besonders bezüglich der Kreativität.

Der oben beschriebe Minimalismus, die Reduktion auf das Notwendigste, gilt auch für seinen öffentlichen Aufritt, seines immer gleichen Dresscodes bestehend aus Jeans, schwarzem T-Shirt oder Rolli und New Balance 992 Sneakers. Seine Produkt-Präsentationen sind heute legendär, immer wieder sehenswert und jede ein Paradebeispiel dafür, was eine gute Präsentation ausmachen kann. Sie sollte sich auf die wesentlichen Inhalte konzentrieren (es muss alles drin sein, aber nicht mehr, kein Schnickschnack, keine Schleifen) und diese gut verständlich, als spannende, aber auch unterhaltsame Story und auf den Punkt gebracht rüberbringen. Idealerweise gibt es eine oder mehrere klare Messages, die die Zuhörer leicht behalten können. Ein gutes Beispiel für eine Key-Message ist zum Beispiel der bei der Präsentation des ersten iPhones neben dem Bild des Produkts stehende Satz: „Your life in your pocket. The ultimate digital device". Was nach einer großen Anmaßung klingt, ist vollkommen wahr und beschreibt mit wenigen perfekt passenden Worten die Jahrhundert-Innovation iPhone.

Eine gute Story ist immer am wichtigsten, so wie Carmine Gallo es in seinem Buch über Jobs beschreibt: „Remember, it's the story, not the slides, that will capture the imagination of your audience." Seit Beginn der Zivilisation erzählen sich Menschen Geschichten, man denke an das Gilgamesch-Epos aus dem Zweistromland, welches fast 4.000 Jahre alt ist oder Odyssee und Illias von Homer, die fast 3.000 Jahre alt sind. Sicher haben sich Menschen auch schon vorher Geschichten und Anekdoten – wahre, halbwahre und ganz frei erfundene – erzählt. Geschichten machen Informationen und Inhalte anschaulich und emotional, steigern dadurch Interesse und Aufmerksamkeit des Publikums.

Ein Bespiel: Die Präsentation zur Einführung des Notebook Air verpackte Steve Jobs in eine sehr schöne kleine Geschichte. Die wichtigste Eigenschaft des Notebook Air sei seine dünne und leichte Bauweise – the world's thinnest notebook. Und was könne besser zeigen, wie dünn das neue MacBook Air wirklich sei? Das MacBook Air wäre so dünn, es passe sogar in einen typischen braunen Briefumschlag!

Die Dramaturgie seiner Präsentation war einzigartig. Zunächst zeigte Jobs den Umschlag (offensichtlich mit dem MacBook Air darin) auf dem übergroßen Bildschirm, das Publikum lachte, und er kündigte an, dass er dem Publikum nun das MacBook Air zeigen wird. Er schritt zu einem auf der Bühne stehenden Podest und jeder erwartete, dass hinter diesem wohl das MacBook Air liegen würde, er das Gerät hinter dem Podest nun vorholen und man das Gerät endlich zu sehen bekomme würde. Aber nein, er holte nun einen braunen Umschlag hervor, den gleichen braunen Umschlag mit dem MacBook Air darin, den man gerade auf dem Bildschirm gesehen hatte, hielt diesen dann unter tosendem Applaus in erhobener Hand, bevor er den Umschlag endlich öffnete und das wunderbare, schmale, schlanke Gerät langsam aus dem Umschlag herausnahm – ein magischer, ein unvergesslicher Moment!

Beim Aufbau seiner Präsentationen orientierte sich Steve Jobs zumindest grob am Fünfsatz der Rhetorik von Aristoteles – einer Einleitung folgen drei inhaltliche Kapitel, gefolgt von einem Fazit. Er spricht eine klare Sprache und benutzt nahezu keinen Jargon, frei nach dem Prinzip von Albert Einstein: „Wenn man etwas nicht einfach erklären kann, hat man es nicht verstanden". Er ist maßvoll witzig und hat großen Spaß beim Präsentieren. Man kann sich viele seiner Präsentationen auf YouTube ansehen und Struktur und Rhetorik studieren oder man liest das wunderbare Buch von Carmine Gallo „The Presentation Secrets of Steve Jobs", das ist vielleicht wertvoller als ein Kommunikationstraining von der Stange. Es hat noch nie geschadet, Gutes zu übernehmen und zu kopier-verbessern, genauso wie es Steve Jobs selbst immer und immer wieder machte.

Walther Rathenau

Industrieller, Politiker und Schriftsteller (1867–1922)

Er hatte immer eine halbe Stunde und ein offenes Ohr, so beschreiben viele Zeitgenossen ihre Begegnungen mit Walther Rathenau.

Wer war dieser Mann? Geboren wurde er in eine der führenden großbürgerlichen Familien des Deutschen Kaiserreichs. Emil Rathenau, der Vater, war ein Vollblutunternehmer: Kurz nach der Geburt Walthers sollte er mit der Gründung der AEG das Fundament zu einem Weltkonzern legen. Nach dem Studium erklomm der Sohn rasch die Stufen in die Top-Etagen von Industrie und Bankwesen. Als breit gebildeter Weltenbürger war Rathenau auch Autor. Der Industrielle gelangte zudem in politische Funktionen – als Organisator der deutschen Kriegsrohstoffbewirtschaftung zu Beginn des Ersten Weltkrieges, nach dem Kriege als Reparationspolitiker und Reichsaußenminister.

Rathenaus Ermordung im Jahre 1922 löste weltweit Bestürzung aus. Antisemitische Gegner der jungen Weimarer Demokratie hatten ihn, den Juden und Befürworter der Republik, getötet. Nicht erst jetzt war er auf sein Jüdischsein zurückgeworfen worden.

Bereits als Kind erfuhr er Judenhass. Dieser sollte in seinen vielfältigen Formen ein Begleitton seines Lebens bleiben: vom feinen Schweigen beim Diner bis zum Hetzartikel. Derartiger Ablehnung begegnete er Zeit seines Lebens mit zwei Strategien.

Zum einen warb er um sein Gegenüber, ohne sich anzubiedern. Zum anderen zog sich Rathenau den Mantel antisemitischer Einstellungen an. War er nicht geschützt, wenn er sich die Vorwürfe seiner Gegner zu eigen machte?

Rathenau war ein Getriebener, der sich von den Selbstvorwürfen als Jude zu befreien trachtete, der Anerkennung suchte und in so vielen Feldern eine reiche Ernte einfahren durfte.

Der Rabbiner und Philosoph Leo Baeck meinte: „Überall in der Welt hat er sich selber gesucht, ohne sich doch ganz zu finden."

Dieser getriebene Selbstsucher Rathenau saß zeitgleich in mehreren hundert Führungsgremien führender Industriekonzerne und Banken. Er veröffentlichte etwa 170 Schriften, Monographien, Essays und Gedichte. Er entwickelte eine Geschichtsphilosophie und ein Gesellschaftssystem zwischen Kapitalismus und Sozialismus, schrieb zur Golddeckung von Währung, weltpolitischen Fragen seiner Zeit oder zur Ästhetik in der bildenden Kunst. Er spielte Klavier und malte, nicht einmal schlecht. Rathenau galt als politische „graue Eminenz", wirkte als Organisator der deutschen Kriegswirtschaft im Ersten Weltkrieg sowie in zwei aufeinanderfolgenden Ministerämtern nach dem Krieg. Hält so jemand

Kontakte? Hat er Zeit für Partnerschaft, Familie und Freunde?

Rathenau litt unter einem Vater, der ihn mit Strenge zum Erfolg in Industrie und Technik drängte. Die Mutter stand für Wärme und Toleranz gegenüber den musischen Seiten des vielbegabten Sohnes.

Frauen gegenüber versteckte sich Rathenau hinter distanzierter Schwärmerei oder höflicher Abwehr. War er der Mutter allzu sehr verbunden? War er homosexuell? Spekulationen helfen nicht weiter.

Wurde es distanzierter, hielt Rathenau die Nähe aufrecht. Er konferierte und korrespondierte viel mit führenden Politikern, Militärs, Diplomaten oder Wirtschaftslenkern seiner Zeit und bildete dabei strategische Netzwerke. Er förderte Maler und Schriftsteller.

Rathenau konnte Zeit strukturieren. Er galt als guter Zuhörer und vermochte sich zumindest in Englisch, Französisch oder Italienisch als Fremdsprachen auszudrücken. Das Hausmädchen konnte Postkarten an die Eltern nicht lesen; Diplomaten aus aller Welt hingegen fühlten sich verstanden.

Klar ist: Rathenau quälte sich mit Selbstvorwürfen, wollte endlich die Anerkennung des Vaters gewinnen und als Jude in einer von Alltagsantisemitismus durchzogenen Gesellschaft ernst genommen werden. Die Angst vor enttäuschender Nähe und das Ringen um Anerkennung waren oft der Stoff, den Rathenau wie eine „wärmende Decke" über seine Gesprächspartner zu legen pflegte.

Ein wenig Einblick in die Taktik seiner Unterhaltungen mit Geschäftsleuten oder Politikern gewährte er in „Geschäftliche Lehren", einem Essay zum Wesen wirtschaftlicher Kommunikation, die er 1908 in einem Sammelband seiner Schriften, den „Reflexionen", publizierte. Seine Aphorismen offenbaren einerseits den gewieften und erfahrenen Verhandler: „Bei Streitigkeiten haben beide unrecht."

Sie weisen andererseits den Manager aus, der keine Zeit für langatmige Selbstdarsteller hatte. In diesem Sinne meinte er: „Geschäfte müssen monarchisch verwaltet werden. Kollegien arbeiten schlecht, im besten Fall mittelmäßig." Oder noch deutlicher: „Kollegialität heißt Feindschaft." Freiheitssinn und klare Strukturen sollten ineinandergreifen: „Verlange, dass jeder deiner Leute einen Stellvertreter, keiner einen Adjutanten halte." Und auch in diesem Sinne schrieb er: „Unfähige Menschen erkennst Du daran, dass sie ihre Nachfolger zu unterdrücken suchen."

Der Wirtschaftsliberale fand sich in: „Privatverwaltungen gegenüber ist der Staat in dreifachem Nachteil: Er arbeitet ohne Konkurrenz, also ohne vergleichenden Ansporn; er kann sich untauglicher Menschen nicht entledigen; und er leidet am Aberglauben der Anziennetät."

Zu Klarheit der Kommunikation gehörte ein deutliches Nein: „Hast du einen Menschen ungeeignet für einen Posten gefunden, so setze ihn eher mit vollem Gehalt zur Ruhe, als dass du ihn in seiner Stellung behältst, denn er wird nicht nur dir und sich selbst, sondern ungezählten Anderen schaden."

Selbstbewusstsein, Flexibilität, Einfühlung in das Gegenüber wie auch Kompromissbereitschaft: All dies wird in den kurzen Passagen deutlich: „Es ist eine nützliche Gewohnheit, vor allen noch so ernsten Verhandlungen ein paar Minuten allgemeine Unterhaltungen zu führen. Man erkennt im Voraus die Stimmung, die Absichten und oft das Ergebnis."

Das derart sensibel behandelte Gegenüber war zugleich ein „Gegner": „Wenn du Vorschläge machst, so schicke alle schwachen Punkte voraus. Rechne nie darauf, dass dein Gegner etwas übersehen könnte. Setze stets voraus, dein Gegner sei der Gescheitere."

Wir sehen: Rathenaus Kommunikation mischte Nähe und Härte. Nur in der Distanz schien Annäherung möglich. Für die vielen Begegnungen nahm sich der viel Beschäftigte Zeit: „Wer sich beklagt, dass er zu viel zu tun hat, beweist, dass er nicht organisieren kann. Napoleon hätte nie abgelehnt, Spanien zu erobern mit der Motivierung, er sei überlastet."

Margaret Thatcher

Erste Premierministerin des Vereinigten Königreichs

(1925 bis 2013)

Margaret Thatcher war Politikerin aus Überzeugung, eine Vollblutpolitikerin mit sehr klaren Positionen. Sie engagierte sich einigermaßen früh politisch, aber nicht, so ganz untypisch für die Gegenwart, ohne vorher ein Studium abgeschlossen zu haben und mehrere Jahre berufliche Erfahrungen zu sammeln. Maggie Thatcher arbeitete nach Ihrem Studium eine Weile als Chemikerin, zuletzt bei einem Lebensmittelkonzern. Laut Wikipedia gibt es Anekdoten, nach denen sie dort an der Entwicklung von Softeis beteiligt gewesen sei. Wenn das wahr ist, hätte es doch so einigen Charme. Auch wenn jemand so gut wie nichts weiß über Maggie Thatcher, dann kennen doch die meisten zumindest ihren Spitznamen – und der war nicht The Soft Lady.

Ihr Faible für die Politik wurde durch ihren Vater genährt; er war politisch aktiv, unter anderem als Bürgermeister von Grantham in Northamptonshire, wo Maggie Thatcher 1925 geboren wurde. Ihr Vater, Alfred Roberts Thatcher, war nicht bei den Tories, sondern unabhängig, also parteilos. Im Vergleich zu Ihrem Vater machte sie eine ganz große politische Karriere. Sie wurde nicht nur die erste britische Premierministerin, sondern behielt diesen Posten auch verhältnismäßig lange, von 1979 bis 1990. Die Wahrnehmung ihrer Person unter Briten und in der restlichen Welt bleibt bis heute kontrovers oder besser polarisierend zwischen wirtschaftsliberaler Ikone und antisozialer Laissez-Faire-Kapitalistin. Wir bleiben diesbezüglich neutral, sehen sie uns lieber als Beispiel politischer Kommunikation an, die ziemlich konsequent dem Prinzip folgt: „Sage was du tust und tue was du sagst".

Dabei war Thatcher nicht immer eisern und konsequent, sie war, wenn es darauf ankam, durchaus kompromissbereit, setzte aber gezielt darauf, nach außen als Macherin mit Führungsanspruch zu erscheinen. 1975 erlangte sie den Partievorsitz der konservativen Partei, indem sie sich gegen ihren zu diesem Zeitpunkt ziemlich verbrauchten Vorgänger Edward Heath deutlich durchsetzen konnte. Maggie Thatcher hatte zwar seit den frühen 70ern ein Ministeramt (Bildung und Wissenschaft) inne, war aber dennoch relativ unbekannt. Sie suchte und nutze nach Übernahme der Parteiführung ganz gezielt Gelegenheiten öffentlicher Auftritte, um ihre Bekanntheit zu erhöhen; so besuchte sie z.B. ein Panzer-Bataillon und stieg mit roten Pumps und blauem Kostüm in einen Panzer.

Denkt man heute an Maggie Thatcher, dann hat man eine konservative Dame im strengen Kostüm mit unbeweglicher Betonfrisur vor Augen. Das macht leicht vergessen, dass sie auch eine attraktive Frau war und sehr charmant sein konnte. Francois Mitterrand war angeblich ganz angetan von ihr, als er sie zum ersten Mal getroffen hatte, und sagte über sie, dass sie zwar die Augen von Caligula habe, aber die Lippen von Marilyn Monroe. Weibliche Reize waren sicher nicht ihre Hauptwaffe, aber Thatcher hatte keine Probleme damit, an bestimmter Stelle auch mal den Charme ihre Weiblichkeit einzusetzen. Aber viel wichtiger waren für sie Themen, Fakten und die Sache an sich und dabei war sie dann doch gern deutlich.

Zur Iron Lady (of the Western World) wurde sie in Russland erklärt. Man gab ihr diesen Namen nach einer Rede mit ziemlich deutlichen anti-sowjetischen Inhalten. Danach befragt, ob es eine gute Idee gewesen war, eine solche Rede zu halten, sagte sie, frei übersetzt: „[...] was diese Rede ausmachte war der Umstand, dass ich einfach die Fakten genommen habe und die Fakten eine Geschichte erzählen ließ. Ich muss den Nagel damit ziemlich auf den Kopf getroffen haben, um diese Reaktion [aus der Sowjetunion] zu erhalten".

In ihrer ersten Reaktion auf den Namen, The Iron Lady of the Western World, unter dem sie heute weltweit bekannt ist, zeigte sie, dass sie auch Humor hatte. Bei einem großen öffentlichen Abendessen, gehüllt in ein rotes Chiffon-Kleid, sagte sie: „I stand before you tonight in my Red Star chiffon evening gown, my face softly made-up, and my fair hair gently waived. The Iron Lady of the Western World! A cold war warrior! An Amazon Philistine! ..."

Als sie Premierministerin von Großbritannien wird, liegt das Land wirtschaftlich am Boden; der Einfluss der Gewerkschaften war so groß geworden, dass die Konkurrenzfähigkeit der britischen Unternehmen enorm abgenommen hatte. Thatcher hatte die Vision, das Land grundsätzlich zu reformieren, den Einfluss der Gewerkschaften zu brechen, der Wirtschaft durch Liberalisierung auf die Beine zu helfen und den Einfluss Großbritanniens auf der internationalen Bühne wieder zu erhöhen. Sie hatte eine Vision und ein konkretes Ziel und kein Problem damit, auf dem Weg dahin unpopuläre Entscheidungen zu treffen. Dabei nahm sie von Anfang an eine klare Führungsposition ein, denn sie war davon überzeugt, dass man nicht mit Konsensus, sondern durch konsequente Führung Ziele erreichen kann. Daraus machte sie kein Geheimnis.

Maggie Thatcher ist das perfekte Beispiel für eine Durchhalterin. Sie verbiegt sich nicht, zumindest nicht mehr als irgend nötig, für einen vernünftigen Kompromiss. Selbst viele ihrer Gegner sagen heute zähneknirschend, dass bestimmte ihrer Entscheidungen einfach notwendig waren, um die britische Wirtschaft zu retten, auch wenn sie für viele dieser Fraktion mit ihren Maßnahmen zu weit ging. Das wollen wir hier nicht bewerten, sondern eher den Umstand von Konsequenz und Beharrlichkeit in der Sache unterstreichen.

Bezüglich ihrer wirtschaftlichen Ansichten, oder besser, ihrer wirtschaftlichen Überzeugungen, stand sie sehr stark unter dem Einfluss von Friedrich August Hayek und Milton Friedman, zwei der bedeutendsten wirtschaftsliberalen Ökonomen, beide Nobelpreisträger. Diese Überzeugung teilte sie mit Ronald Reagan, der 1980 die Wahlen gewann und 1981 zum 40. Präsidenten der USA vereidigt wurde. Unabhängig von ihrer wirtschaftsliberalen Überzeugung sind die konservative Maggie Thatcher und der Ex-Schauspieler Ronald Reagan grundverschieden.

Mit ihrem strikten Kurs und ihrer damals wie heute kontroversen Einstellung zu Wirtschaft und Gesellschaft hatte sie es damals schwer genug – zu anderen Zeiten hätte sie sich wahrscheinlich nicht durchsetzen können. Sie tat, was sie für richtig hielt, und zähneknirschend akzeptierten es die eigene Partei und ein großer Teil der Briten. Wahrscheinlich erwartete Maggie Thatcher für ihre Politik keine Liebe und reagierte auf Opposition mit der ihr eigenen Coolness: „The Russians said that I was an Iron Lady ... (Pause) They were right ... (Pause) Britain needs an Iron Lady."

Auf dem Tiefpunkt ihrer Popularität heuert sie eine PR-Agentur an, um ihr Image aufzupolieren, ihr die Kälte zu nehmen und ein wenig Wärme zu verbreiten. So richtig gelang das nicht, bis heute hat sich das Image von Margaret Thatcher kaum gewandelt, viele Menschen sehen in ihr noch heute ein Symbol für die harten Kanten der Marktwirtschaft, die man lieber abgeschliffen und aufgeweicht sähe. Wie auch immer man zu den Details steht, sie bleibt eine unglaublich bemerkenswerte Frau und Politikerin – eine Ikone der 80er und 90er Jahre.

Jeff Koons und Damien Hirst

Bildende Künstler (geboren 1955 und 1965)

Jeff Koons und Damien Hirst sind zwei der erfolgreichsten zeitgenössischen Künstler. Der eine aus den USA, der andere aus Großbritannien. Beide machen, zumindest in Teilen, Alltagsgegenstände zu Kunst. Man verbindet die zwei Künstler mit Kommerz und Konsumgesellschaft. Das liegt an ihrem unglaublichen Erfolg und den Inhalten ihrer Kunst. Beide arbeiten mit einem großen Studio, in dem die Kunstwerke nach Idee, Entwurf und Management der Künstler hergestellt werden, oft in ziemlich großer Anzahl, wie z.B. die „spot paintings" von Damien Hirst. Beide Künstler sind eng mit Ihren Werken verbunden, sie sind präsent, geben Interviews, haben eine Öffentlichkeits-Persona.

Inwieweit ihr öffentlicher Auftritt geplant ist, inwieweit ihre öffentliche Persona ein Produkt, ein Style oder eine Pose ist, können wir nicht sagen. Beide sind mittlerweile so erfolgreich, dass ihr Auftritt auch keine wirkliche Rolle mehr für ihren weiteren Erfolg spielen sollte. Außerdem sind Künstler eine der wenigen gesellschaftlichen Gruppen, die eine gewisse Art von Narrenfreiheit genießen, sie können verschwiegen und zurückgezogen sein oder laut, schrill und exzentrisch, also zwischen Gerhard Richter und Salvador Dali. Das bedeutet nicht, dass Kommunikation und Auftritt in der Welt der Kunst keine besondere Rolle spielten, das tun sie natürlich – wahrscheinlich noch viel mehr als in anderen Branchen. Nur äußerst selten wird der vollkommen zurückgezogene Künstler, der Menschen und Kommerz meidet, obwohl talentiert und wunderbare Kunst produzierend, Ausstellungen bekommen und seine Werke verkaufen können. Obwohl – einmal entdeckt und in der „Vermarktungs-Maschine" eines guten Galeristen, können Künstler sich theoretisch auch „einfach nur" ihrer Kunst widmen.

Jeff Koons und Damien Hirst jedenfalls sind nicht still und zurückgezogen, sie vermarkten ihre Arbeiten sehr aktiv, aber sind dabei nicht unbedingt schrill, extrovertiert oder exzentrisch. Im Gegenteil, in ihrem Auftritt und wie sie sich öffentlich geben, erscheinen sie doch sehr „normal". Würde man die beiden sehen und nicht wissen, wer sie sind, man würde sie wahrscheinlich nicht für Künstler halten. Jeff Koons hat ein paar Jahre nebenher als Börsenhändler gearbeitet und man könnte ihn sich gut als Vertreter der Finanzbranche vorstellen. Damien Hirst steht dagegen der kreative Beruf schon eher in das Gesicht geschrieben, obwohl man ihn, um Klischees zu bedienen, vielleicht eher für einen Designer oder Architekten halten würde. Beide stehen mit ihrem ganzen Aussehen und Auftritt in Kontrast zu ihrer Kunst (Koons sicher mehr als Hirst), die sich oft mit Grenzbereichen beschäftigen, wie Tod und Vergänglichkeit, Drogen, Sucht und Pornographie.

In ihrer Kunst gibt es zwar Parallelen – beide benutzen, wie bereits erwähnt, Alltagsgegenstände, sogenannte

Ready-Mades, und kontextualisieren diese neu. Dennoch unterscheiden sich die beiden sehr stark; schauen wir uns zum Beispiel Tierdarstellungen der beiden an. Da haben wir von Koons die bunten Balloon-Dogs, farbenfrohe überdimensionierte Luftballons bzw. aus glänzendem Messing in eine einfache, aufgeblähte Tierform gebrachte Nachbildungen von Luftballons. Diese Skulpturen verbreiten direkt gute Laune, wecken positive Kindheitserinnerungen vom Rummelplatz und die Gliedmaßen erinnern an die Arme von Popeye. Tiere spielen bei Damien Hirst eine viel wichtigere Rolle, doch hier sind sie zumeist Analogien auf Vergänglichkeit und Tod, seine (echten!) toten Tiere sind in Formaldehyd konserviert, am bekanntesten ist vielleicht sein berühmter Hai – das Kunstwerk mit dem ominösen Titel „The Physical Impossibility of Death in the Mind of Someone Living". Charles Saatchi, der erste Besitzer des Werkes, verkaufte es später für sagenhafte zwölf Millionen Dollar an den Hedge-Fund-Milliardär Stephen Cohen.

Bei Hirst gibt es in der Mitte geteilte Rinder, ganze Kälber in Formaldehyd oder sogar den blutigen Schädel einer Kuh, an dem sich Unmengen von Fliegen weiden. Das ist keine Kunst, die gute Laune verbreitet, sondern sie beschäftigt sich mit einer Seite des Lebens, die in der Gesellschaft zwar omnipräsent sein mag, aber zumeist (und vielleicht aus gutem Grund) versteckt, tabuisiert und an den Rand gedrängt wird. Das heißt nicht, dass Jeff Koons in seiner Kunst keine Schockmomente hatte. In den frühen 90er Jahren heiratete er „Cicciolina" (eigentlich: Ilona Staller), eine italienische Porno-Darstellerin. In dieser Zeit entstanden Skulpturen und überdimensionierte Fotos, die Koons und Staller in explizit pornographischen Szenen zeigen.

Nun geht es uns aber um die Kommunikation berühmter Personen; auch hier unterscheiden sich beide trotz Parallelen sehr deutlich. Zusammenfassend könnte man sagen, dass beide zwar für Ihre Kunst werben, aber auf Grund ihres Erfolges und ihrer Größe entspannt, selbstbewusst und ohne jeglichen Druck auftreten.

Jeff Koons macht das zumeist sehr elegant, er spricht leise und ausgewogen, man könnte seine Worte direkt mitschreiben und als Interpretation seiner Werke oder als Philosophie seiner Kunst abdrucken. Er kommt immer positiv und warm herüber und repräsentiert eine bestimmte Art des American Way of Life, ein warmes Gefühl behüteter 50er Jahre in Pennsylvania, wo er aufgewachsen ist. Sein Vater war Innenarchitekt und hatte einen großen, erfolgreichen Möbelladen; er vererbte seinem Sohn den Blick für Kunst und Ästhetik.

Hört man Koons sprechen und sieht ihn im Umgang mit Menschen, dann möchte man meinen, dass er Dale Carnegie studiert habe und den völligen Likeability-Auftritt abspielt, aber vielleicht ist ihm sein unglaublich liebenswerter Auftritt einfach nur angeboren. Es gibt auf YouTube eine Vielzahl von Koons-Dokumentationen und Interviews, in denen man studieren kann, wie man seinem Gegenüber natürlichen Respekt entgegenbringt, in gut überlegten Sätzen spricht, ausgewogen, mit Pausen an der richtigen Stelle und wie man über das redet, über das man reden möchte, ohne dem Gegenüber den

Eindruck zu vermitteln, man würde Fragestellungen oder Themen ausweichen. Spannend bei Koons ist auch der Kontrast zu seiner Kunst, in seinem weltmännischen Auftritt, immer gut gekleidet, gutsitzende Anzüge, hellblaues Hemd, immer „Business-ready", findet er die feinsten Erklärungen für seine Porno-Engagements mit seiner Ex-Frau, aber auch für die nur scheinbare Banalität von Staubsaugern und warum diese eigentlich die perfekten Kunstwerke seien. Jeff Koons ist der perfekte Geschäftsmann als Künstler. Der Schriftsteller Christian Kracht sagte einmal, vielleicht im Scherz, dass er in seiner Jugend gern Maler werden wollte, aber er war nur ein Malerdarsteller, kleidete sich entsprechend, machte sich Farbkleckse auf die Kleidung, aber wurde nicht zum Künstler, sondern blieb Darsteller. Bei Koons ist das anders, er ist immer der große Künstler, auch und besonders im Anzug, er ist nie nur Darsteller.

Auftritt und Kommunikation von Damien Hirst sind dagegen fast schon rotzig. Sein Auftritt ist ebenso selbstsicher und entspannt wie der von Jeff Koons, aber seine Sprache ist rau und ungeschliffen, er verbirgt nicht seinen Akzent und er hat keine Scheu vor ordinären Worten. Was man zunächst für überhebliche Selbstgefälligkeit halten könnte, ist schlussendlich volle Offenheit und Ehrlichkeit. Was Damien Hirst über Kunst sagt, kann genauso tiefgründig sein wie bei Jeff Koons, nur verwendet er dafür eine andere Sprache – einfacher, ungehobelter und unfertiger. Hirst ist in seiner „Rotzigkeit" nicht respektlos oder unfreundlich, vielleicht eher kumpelhaft und jovial. Seine Outfits wechseln, sind aber auch immer „lauter" als bei

Koons, der fast immer gesetzt im Anzug daher kommt. Damien Hirst trägt Lederjacken, Sonnenbrille, T-Shirt und wenn einen Anzug, dann schwarz und mit einem Hemd mit langem Kragen. Hirst ist schwarzhumorig und seine zum Teil ordinäre Sprache gibt ihm manchmal den Charme eines Gebrauchtwagenhändlers, aber das nimmt man ihm nicht übel, weil er dabei so sicher ist, so klar und so entspannt.

Jeff Koons und Damien Hirst stehen nicht exemplarisch für „alle" oder „viele" Künstler, dazu sind sie zu individuell und die Bandbreite zu groß. Sie sind aber hervorragende Beispiel für den Auftritt von Menschen mit großem Erfolg, die eine große Idee verkaufen, hinter dieser stehen und diese verkörpern, ohne dabei explizit zu werden oder mit dem Angebotszettel zu winken.

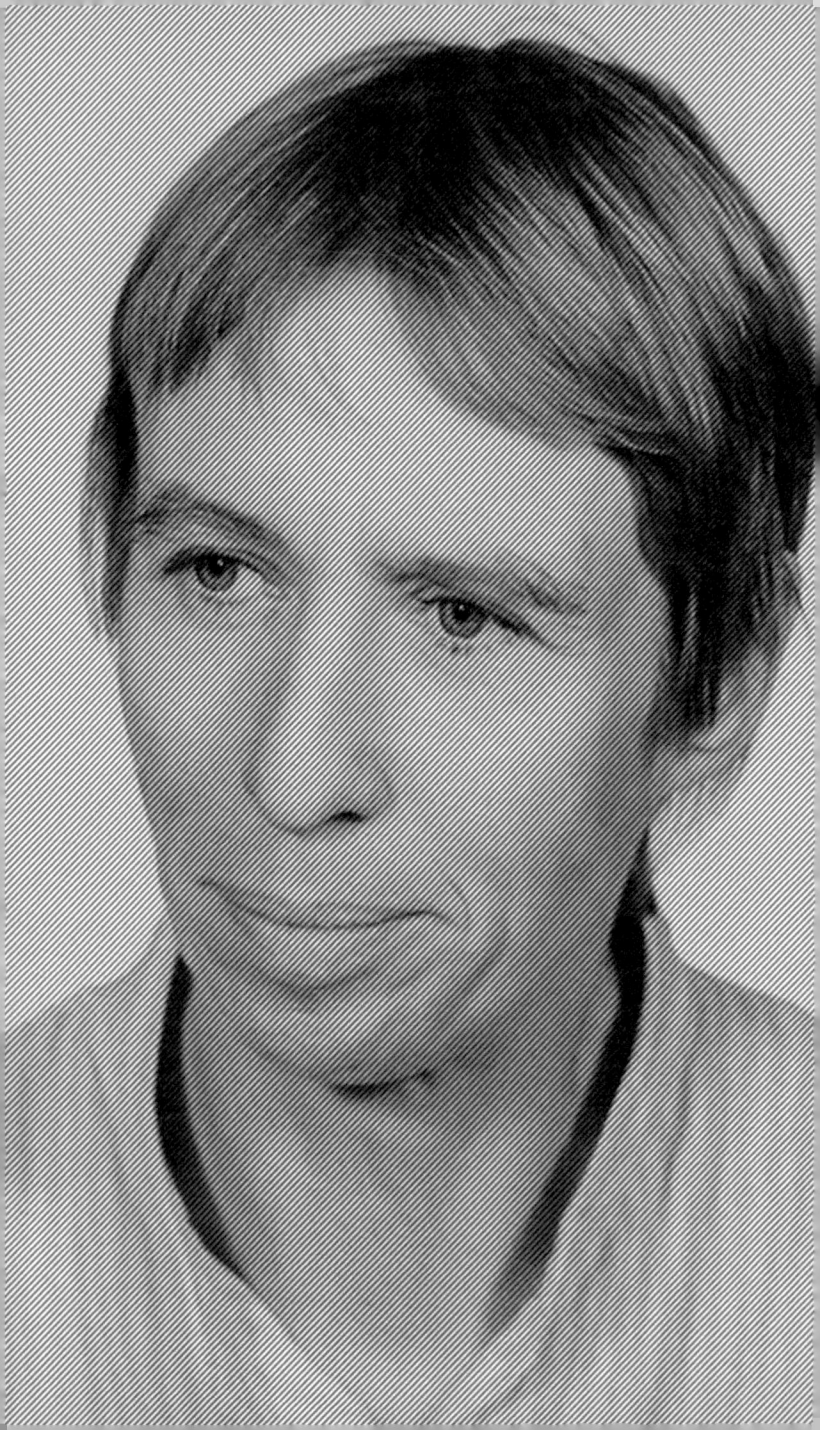

Regine Hildebrandt

Politikerin (1941 bis 2001)

Zwischen Brausewind und Bulldozer mit Herz: Als sozialdemokratischer Speedy Gonzalez der Jahre unmittelbar nach der Wiedervereinigung passte Regine Hildebrandt in die Zeit. Ein bestimmtes Rumkriegen ist eben auch zeitgebunden. Selbstbewußt „Ost", sozial, bürgerlich-bodenständig, gläubig und mit den gesellschaftlichen Verwerfungen nach dem Untergang der DDR vertraut: „Die macht wat für uns und is keene alte rote Socke!"

Schon früh lernte Hildebrandt (geb. Radischewski) Not kennen, kommt sie doch 1941 in Berlin auf die Welt. Wegen der zunehmenden Bombenangriffe auf die Reichshauptstadt wird sie mit ihrer Familie evakuiert. Nach Kriegsende können die Radischewskis heimkehren.

Sie absolviert die Schule und studiert von 1959 bis 1964 an der Humboldt-Universität Biologie. Letzteres war nicht eben einfach. Da Radischewski kein Mitglied der FDJ war, wurde ihre Bewerbung auf einen Studienplatz zunächst abgelehnt. Sie schaffte es als Nachrückerin doch. 1968 folgte die Promotion!

Bis 1978 arbeitete sie in der pharmakologischen Forschung beim VEB Berlin-Chemie, darauf als Bereichslei-

terin in der Zentralstelle für Diabetes und Stoffwechsel-
krankheiten in Ost-Berlin.

Die private Regine Hildebrandt war konstant. 1950, als
neunjähriges Mädchen, lernte sie ihren späteren Mann,
den Journalisten und Verlagslektor Jörg Hildebrandt
in ihrer Kirchengemeinde kennen. Zusammen mit
Hildebrandts Bruder gründeten sie mitten im „ersten
Arbeiter- und Bauernstaat auf deutschem Boden" die
Berliner Domkantorei; unerschrocken. Jörg und Regine
Hildebrandt sollten drei Kinder miteinander bekommen. Familie schrieb man groß im Hause Hildebrandt:
ohne Erdung keine Höhenflüge.

Als die DDR ihr Ende fand, suchte Hildebrandt in der
Bürgerbewegung (Demokratie Jetzt) nach neuen Wegen
für die ostdeutsche Gesellschaft. Mitte Oktober 1989
tritt sie der neu gegründeten ostdeutschen Sozialdemo-
kratie bei – und wird in die erste frei gewählte Volkskammer der DDR gewählt.

Blitzschnell im Denken und Sprechen, beginnt hier der
Aufstieg der „Mutter Courage des Ostens". Im Sommer
1990 ist sie kurz Ministerin für Arbeit und Soziales der
DDR. Sie wird in den Bundesvorstand der SPD aufge-
nommen. Eine steile Karriere, die nicht unüblich in der
Umbruchzeit war. Später meinte sie: „Alles ging rasend
schnell. Plötzlich war ich in der Volkskammer. Und
weil unter den Blinden der Einäugige König ist und wir
Minister finden mussten, war ick eben über kurz oder
lang Minister. So is' es."

Und dann: Wiedervereinigung und Brandenburg. Sie sagt einmal: „Wir können uns stundenlang darüber unterhalten, dass in diesem System die Schwächeren unterjebuttert werden, det nützt ja nüscht – wir müssen wat dagegen tun!"

Im Herbst 1990 wird Regine Hildebrandt Ministerin für Arbeit, Soziales, Gesundheit und Frauen in Brandenburg. Ihr Ministerpräsident ist Manfred Stolpe. Als dieser sich zur Machtsicherung ab 1999 auf eine Koalition mit der CDU einlässt, ist es aus. Hildebrandt legt ihr Amt nieder: „So nicht!"

Hildebrandt hat in ihrer Amtszeit als Landesministerin versucht, die sozialen Härten der Wiedervereinigung in Brandenburg abzumildern. Sie scheint unermüdlich, „parkt Geld ihres Ministeriums zwischen" – nicht zur eigenen Bereicherung. Sie will den Menschen flexibler helfen können. Hierbei gerät sie jedoch an die Grenzen des Haushaltsrechts.

Sie wird einmal mit folgenden Worten zitiert: „Der Klotz am Bein der deutschen Wohlstandsgesellschaft sind nicht die nimmersatten, faulen Ostdeutschen, die ihren nimmermüden fleißigen Brüdern und Schwestern im Westen die Haare vom Kopf fressen, der Klotz am Bein ist die wiedervereinigte geistige und politische Unbeweglichkeit."

Regine Hildebrandt hat Krebs und macht weiter: „Die Wahrheit is' manchmal brutal – soll ick sie deswegen verschweigen?"

2001 stirbt sie. Ihre menschliche Energie passte in die Zeit ab 1989. So holte sie viele im Lande ab: „Gang und gäbe ist, dass man sich immer so vorsichtig ausdrückt, dass man nichts mehr zum Anfassen hat. Das wollen die Leute aber nicht mehr. Es ist ja nicht so, dass ich immer irgendwelche knackigen Sachen heraushauen möchte, aber ich sage es so, wie ich es empfinde. Und das trifft im Moment den Nerv."

Ihre raue, aber vor allem herzliche Energie galt dem sozialen Dienst am Menschen. Dies überzeugte. Gleichwohl erstreckte sich ihr glasklarer Blick auch auf andere Gruppen der Gesellschaft: „Die Bürokratie ist es, die die investitionswilligen Leute zur Weißglut treibt."

Ein Star der Beliebtheit? Auch hier blieb Regine Hildebrandt auf dem sandigen Boden Brandenburgs: „Wie ick es finde, Deutschlands beliebteste Politikerin zu sein? Jarnich find' ick det. Wenn se alle verschissen haben, muss ja eener nach oben."

Sie fehlt.

Wolfgang Grupp

Inhaber und Geschäftsführer des Textilunternehmens Trigema (geboren 1942)

„Verantwortung!" Wer Wolfgang Grupp in Person, Text oder Bild erlebt, stößt immer wieder auf dieses Wort, diese Forderung.

Wolfgang Grupp wird 1942 in eine Familie von Textil-unternehmern hinein geboren. Sein Vater Franz führt die 1919 gegründete Trikotagenfabrik Gebrüder Mayer (TRIGEMA) in zweiter Generation. Nach dem Abitur am Jesuitenkolleg St. Blasien studiert und absolviert der Sohn in Köln ein Studium der Betriebswirtschaftslehre. An das Examen schließt sich nahtlos die Übernahme des väterlichen Unternehmens an.

Der junge Grupp bereinigt die Vielfalt der angebotenen Erzeugnisse. Es gelingt ihm innerhalb von sechs Jahren, den Umsatz mehr als zu verdreifachen. Vor allem aber die Schulden der TRIGEMA vollständig abzutragen. Die Unabhängigkeit von den Gläubigern ist gewährleistet: Unabhängigkeit und Verbundenheit – beides geht in der Person Wolfgang Grupp miteinander einher.

Skurril, zuweilen gar altertümlich, mag die „unternehmergeführte" TV-Werbung der TRIGEMA anmuten. Da diskutiert der Firmenchef mit einem Schimpansen über die eigenen Produkte. Und doch: Dies merkt man sich, vielmehr noch den medial präsenten Familienunternehmer aus dem baden-württembergischen Burladingen.

Ein konservativ-katholischer Firmenpatriarch mit paternalistischen und sehr sozialen Zügen. Da residiert einer nahe seiner Fabrik, fliegt von dort mit dem eigenen Helikopter zu Geschäftsterminen.

„Der Bekanntheitsgrad von Trigema ist nicht nur Werbung, sondern auch unbezahlte PR, egal ob das der Butler war, der Hubschrauber oder der Swimmingpool, der 45 Meter lang ist. Wenn man schreibt, der hat ein viereckiges Schwimmbad, das liest doch keiner. Ich bringe das in den Zusammenhang mit: garantiert Arbeitsplätze, hat noch nie jemanden entlassen – den Werten, die dahinterstehen."

Werte, Wertschöpfung wie Werbung stehen bei Grupp in einem wechselwirksamen Verhältnis.

Grupp ist bei aller Selbstpräsenz ein Mann sozialer Verantwortung – einer, der Harmonie und Geliebtwerden sucht: Geht es dem Anderen gut, geht es mir gut! Seit er das Unternehmen übernommen hat, gab es keine betriebsbedingte Kündigung, keine Kurzarbeit. Kindern von Betriebsangehörigen stehen Ausbildungsplätze im Unternehmen und eine wahrscheinliche Übernahme auf einen sozialversicherungspflichtigen Arbeitsplatz offen.

An der betriebs-familiären Tradition wird fest gehalten. Sie schafft Loyalität, Vertrauen und „Wohlstand für alle".

Früh baut Grupp nicht nur die Unabhängigkeit von Gläubigern aus; von der Stoffbahn, zu Färberei, Näherei und bundesweit verteilten Vertriebsgeschäften: die TRIGEMA ist vertikal (weniger horizontal) expandiert und verfügt dadurch über die meisten Stufen der Wertschöpfungskette auf dem Weg vom Faden zum T-Shirt auf dem Ladentisch.

Ökologische Anforderungen? Die TRIGEMA hat hohe ökologische Standards in der Produktion eingeführt: den Verzicht auf Chlorbleiche, einen niedrigen Schadstoffausstoß sowie einen geringen Trinkwasserverbrauch. Vor allem aber wird die Energie für das Unternehmen überwiegend in einem eigenen Kraftwerk erzeugt.

Auch die Abhängigkeit vom Ausland wird auf ein Mindestmaß beschränkt. Statt der Auslagerung in Billiglohn-Länder beharrte Grupp darauf, die vertikalen Stufen der Textilerzeugung und des Verkaufs am Standort Deutschland weiter voranzutreiben. Im Niedrigpreis-Segment musste Grupp sich als Anbieter verabschieden. Seine Strategie lautet: „innovative Produkte". Hautfreundliche, qualitativ hochwertige Textilien, individuell durch den Kunden gestaltbare Kleidungsstücke und aufgrund der hohen Lagerhaltung und räumlichen Bündelung aller Produktionsstandorte: kurze und zuverlässige Lieferfristen. Dem expressiven Unternehmer stand und steht der demütige Realist zur Seite.

Ein soziales Vorbild für die Familie, für die Betriebsfamilie sein und den eigenen Erfolg, dabei zu genießen, das ist Grupps Lebensstrategie. Die wertorientierte und verlässliche Kommunikation mit Menschen ist ihm zentral. Sie ist zugleich sein Erfolgsrezept.

„Ich führe Trigema in der dritten Generation. Ich hätte sicher das falsche Vorbild abgegeben, wenn meine Kinder den Betrieb nicht weiterführen wollten. Ich übergebe ihn selbstverständlich meinen Kindern."

Man kann auf Beharrlichkeit setzen und sich mit bewährten Tugenden vom Zeitgeist unabhängig machen, ohne sich dabei dem stetigen Wandel wirtschaftlicher und gesellschaftlicher Realitäten zu verschließen. Wolfgang Grupp lebt dies (vor).

Peter Thiel

Gründer von PayPal, Venture Investor (erster Groß–
investor in Facebook) und Vorstandsvorsitzender
von Palantir (geboren 1967)

Auf den ersten Blick hat man bei Peter Thiel den Eindruck, als müsse er nichts inszenieren. Sein öffentlicher Auftritt ist immer weit weg von seiner Person, die
Schwerpunkte liegen auf Inhalten; wenn das die Richtigen sind, dann fesseln diese ja auch genug. Vielleicht hat
er es auch gar nicht nötig zu gefallen, bzw. will er das
wahrscheinlich auch grundsätzlich nicht. Peter Thiel
legt großen Wert auf seine eigene Perspektive, die oft
genug der gängigen Meinung widerspricht. Man kann
den Eindruck bekommen, dass er sich ganz bewusst
gegenteilige Standpunkte sucht und mit Erwartungen
bricht. So war Peter Thiel die einzige „Silicon-Val-
ley-Größe", die offen die Kandidatur von Donald Trump
unterstützt hat.

Konträre Positionen machen Diskussionen interessanter, als wenn alle um den Tisch der gleichen Meinung
sind. Es kommt einem der Charakter des Johann Nilsen
Nagel in den Sinn, der Hauptfigur aus Knut Hamsuns
Roman „Mysterien". Fast krampfhaft stellt sich Nagel
immer auf die andere Seite, um der Sache willen und
ohne Rücksicht auf sich selbst, auch mitunter zum

eigenen Schaden. Nun ist Nagel eine Romanfigur und man darf davon ausgehen, dass Peter Thiel nicht nur um der Sache des Widerspruchs willen seine zum Teil gegensätzlichen Positionen bezieht. Mit der konträren Haltung und der Stärke, nicht vor unbeliebten Ansichten zurückzuschrecken, endet die Parallele von Johan Nilsen Nagel und Peter Thiel aber auch schon. Nagel agiert mit einer gewissen Komik und ist sehr emotional. An Thiel ist dagegen nichts clownesk; er zeigt normalerweise keine Gefühlsregungen. Das gilt auch für den Außenauftritt. Nagel trägt einen sehr auffälligen, schreiend-gelben Anzug, Thiel erscheint eher im schlichten Anzug (schlicht, nicht billig!) oder gleich im lockeren „Silicon Valley Style", also in Jeans und T-Shirt oder Hoodie.

Thiel stellt gern gängige Ansichten in Frage – nicht wirklich, um Spannung in den Diskurs zu bringen, sondern mit konkreter Infragestellung. So würde beispielsweise wahrscheinlich fast jeder zustimmen, dass wir in Zeiten leben, die eine nie gesehene digitale Transformation erleben und voller bahnbrechender Innovationen stecken. Das ist bedingt sicher richtig, aber vielleicht fehlen die wirklichen Durchbrüche, oder wie Thiel einmal über die „Innovation" von Twitter gesagt hat: „We wanted flying cars, instead we got 140 characters."

In Interviews und Vorträgen räuspert sich Thiel viel. Seine Sätze sind zwar immer sehr gut formuliert, schlüssig und nachvollziehbar, erscheinen aber nicht auf Gefälligkeit oder besonderes Storytelling mit Spannungsbögen ausgerichtet zu sein – take it or leave it! Das gilt für seinen gesamten Auftritt: Kleidung, Körpersprache, Ansprache, alles erscheint pragmatisch, down-to-earth und ohne viel Emotionen. Dahinter steckt wahrscheinlich kein Kommunikationstraining oder gezieltes Styling – es sei denn, diese Maßnahmen würden genau auf den Effekt zielen, den Eindruck zu vermitteln, dass es ein solches Training und Styling eben gerade nicht gegeben hat.

Exkurs: „Silicon Valley Style"

Mark Zuckerberg machte Hoodie und Flip-Flops beinahe zum Kult. Hacker und Programmierer haben weder die Zeit, Lust noch Feingefühl, viel in Kleidung und das äußere Erscheinungsbild zu investieren. Das ist zum einen ein Klischee, aber diese Stil-Unachtsamkeiten sind durchaus Teil der Silicon-Valley-Kultur bzw. der gesamten Hacker- und Startup-Kultur, aus der mittlerweile die größten und teuersten Unternehmen der Welt hervorgehen. Begeisterte Investoren, Banker und Fond-Manager berauschen sich nur zu gern an T-Shirt-tragenden „Nerds", wenn es um gute Ideen geht, die sich zukünftig monetarisieren lassen.

In den meisten anderen Branchen würde man sich wohl auch heute noch herausputzen für ein Meeting mit potenziellen Investoren, obwohl die moderne Krawatte und der Anzug aus immer mehr Büros und Meeting-Räumen verdrängt werden. In der Start-Up-Szene ist es aber vermutlich heute sogar schon eine Notwendigkeit, bei wichtigen Auftritten in T-Shirt und Hoodie zu erscheinen. Das Herüberschwappen dieser – nicht mehr so neuen – Lockerheit in andere Branchen beschreibt ein Beispiel der jüngeren Mediengeschichte treffend. Vor einigen Jahren hat die gesamte Mannschaft von Axel Springer dem Silicon Valley einen mehrtägigen Besuch abgestattet. Dafür trug dann auch der Vorstandschef Matthias Döpfner, der bis dahin fast ausschließlich im Anzug in der Öffentlichkeit zu sehen war, plötzlich den obligatorischen Hoodie und Converse Sneaker. Bild-Chefredakteur Diekmann (zusammen mit dem Springer-Vermarktungschef Peter Würtenberger und dem Chef der Springerbeteiligung Idealo, Martin Sinner) blieben für insgesamt sechs Monate zur Hospitanz in Los Angeles, um von der Dynamik der dortigen IT-Industry zu lernen. Alle drei nicht mehr ganz jungen Herren erschienen – zumindest auf den bekannten Fotos – im gewollt legeren Style in Jeans, Sneakers, T-Shirt und Hoody. Aber zurück zu Peter Thiel.

Er ist vielleicht nicht der typische Vertreter für das Silicon Valley. Er ist kein Hacker und auch kein IT-Nerd, zumindest nicht im eigentlichen Sinn, sondern wurde schnell zum Ideen-Treiber, Team-Zusammensteller, Interims-CEO und schlussendlich Investor. Er verbindet also verschiedene Ebenen und Rollen, und hat, wie bereits erwähnt, auch mal einen Hoody an, aber eben auch einen Anzug, Jeans, Hemd oder T-Shirt, eher irgendetwas, wahrscheinlich nicht wirklich für den Auftritt sorgfältig Ausgewähltes. Es geht also eher nicht um die Pose (zumindest erscheint das so aus der Beobachter-Perspektive), sondern ganz genuin um die Inhalte.

Dabei hat Thiel natürlich einen ganz großen Vorteil, im Vergleich zu so ziemlich jedem, der Kommunikation nutzen muss, um sich selbst, seine Karriere oder sein Geschäft zu vermarkten, nach vorn bringen will und muss. Thiel will und muss nichts verkaufen, zumindest nicht, um damit seinen Lebensunterhalt zu verdienen. Deshalb muss man diese Aussage wohl gleich wieder revidieren. Thiel verkauft natürlich seine Inhalte, seine Vision und ganz konkrete Ziele, zum Nutzen seiner Investment-Unternehmungen und zur Verbreitung seiner politischen Überzeugungen. Damit ist das scheinbare Understatement seiner Auftritte vielleicht auch nur Mittel zum Zweck, passend zu Charakter und Inhalten. Denn es ist ja auch irgendwie charmant, wenn der „Silicon-Valley-Multimilliardär" beim Gastauftritt auf dem Parteitag der Republikaner nicht den perfekten eloquenten Unterhalter gibt, sondern auch mal ein bisschen stottert und ein paar zu viele „Ähs" verwendet. Das passt doch viel besser zum hyper-intelligenten Unternehmer, dem es ganz pragmatisch um die Sache geht.

Dieser Fokus auf das Wesentliche, das Fehlen von Witz und die nahezu vollständigen persönlichen Entkopplung lassen Peter Thiel oft sehr kühl wirken. Seine Emotionen bleiben weit im Hintergrund; im Vordergrund steht der tief beeindruckende Erfolg und die scharf formulierten Ideen und Visionen. Seine vielen unternehmerischen Erfolge und seine Gegenposition zum Mainstream paaren sich mit Offenheit gegenüber kontroversen politischen Ideen. Dadurch umgibt Peter Thiel auch immer eine Aura des Mystischen, vielleicht nicht ganz der Bond-Bösewicht, aber gewisse Anleihen kann man sicher finden. Er redet gern und offen über seine Erfolge, aber so einiges bleibt im Dunkeln. Das liegt auch an der Art seiner Beteiligung. Zu nennen wäre hier zum Beispiel das Unternehmen Palantir, nun zwar ein börsennotierter Konzern, der einen großen Teil seiner Geschäfte offenlegen muss, aber trotzdem ranken sich Mythen um Kunden und Details zum Geschäftsmodell. Wenn man im Auftrag der großen Geheimdienste Services auf Basis künstlicher Intelligenz anbietet, muss das wahrscheinlich so sein.

Peter Thiel verkörpert den erfolgreichen Geschäftsmann, den Individualisten, der das Bad in der Menge vielleicht genießt, aber nicht endlos auskostet. Wahrscheinlich genießt er das Mysterium und den kleinen „Schockmoment" zwischendurch, wenn er etwas sagt oder tut, das dem Mainstream nicht gefällt.

Doro Pesch

Rocksängerin (geboren 1964)

In diesem letzten Text wollen wir es nicht auf Teufel komm raus übertreiben mit dem bunten Blumenstrauß, den wir hier offerieren. Ja, es geht um Doro Pesch, die wahrscheinlich bekannteste und erfolgreichste Musikerin in der deutlich von Männern dominierten Welt des Heavy Metal. Doro Pesch steht seit den frühen 80ern auf der Bühne und lebt noch immer für ihre Musik; sie veröffentlicht nach wie vor neue Alben und spielt Konzerte in der ganzen Welt.

Es geht hier aber weniger um Heavy Metal oder irgendwelche Spezifika ihrer Musik; wir haben davon keine Ahnung und sind auch keine „Metaller". In einem Brainstorming haben wir es auf nur zwei Lieder gebracht, die wir von ihr kennen. Unabhängig von dem, was sie genau tut, steht Doro Pesch aus unserer Sicht stellvertretend für den glücklichen Menschen, der seine Passion früh gefunden hat und darin ein ganzes erfülltes Leben führen kann und voll und ganz darin aufgeht. Wenn Arbeit zur Passion wird, dann ist es keine Arbeit mehr. Der berühmte Investor Warren Buffett sagte immer wieder in Interviews, dass er im Stepptanz ins Büro geht, oder eben tanzt. Man glaubt ihm das glatt, denn warum würde ein über 90jähriger Milliardär sonst noch täglich überhaupt morgens aufstehen und ins Büro gehen.

Doro Pesch ist sicher keine Milliardärin, aber bei ihrem endlosen musikalischen Erfolg seit ca. 40 Jahren müsste sie sicher auch nicht mehr die Hälfte des Jahres im Tourbus durch die Welt schippern und sich jedes Jahr auf hunderten von Bühnen verausgaben. Sie macht das nicht für Geld, sie macht es einfach, weil sie das ist. Man kann es förmlich spüren, wenn man ihr in Interviews zuhört, wenn sie von ihrer Musik und ihrem Leben spricht.

Neben ihrer Passion sticht noch etwas anderes ins Auge, wenn man Doro Pesch beim Reden zuhört. Sie ist einer dieser seltenen Menschen, die immer voller positiver Energie stecken. Vielleicht kennen Sie das, wenn Sie das Glück haben, einen solchen Menschen in Ihrem persönlichen Umfeld zu haben. Diese Ausnahmemenschen, die in einen Raum kommen und diesen sofort mit guter Laune und Positivität füllen, nicht weil sie tolle Witze reißen oder sich aufspielen und produzieren, sondern durch natürliche Freundlichkeit, durch Offenheit für die anderen Menschen im Raum und durch den Enthusiasmus, mit dem sie sich den anderen Menschen und Themen widmen.

Doro Pesch wurde 1964 in Düsseldorf als Tochter eines LKW-Fahrers geboren. Sie hatte ihr Leben lang eine sehr enge Verbindung zu ihrem Vater und sagt heute, dass der Beruf ihres Vaters wahrscheinlich an ihrer Liebe zum Leben im Tourbus Schuld hat, denn er hat sie schon früh im Fahrerhaus mitgenommen. Als ihr Vater, Walter, stirbt, fällt sie in ein tiefes Loch und stellt erstmals ihre Karriere und ihre Kraft weiterzumachen in Frage. In diesen Tagen hilft ihr eine andere internationale Größe der Heavy-Metal-Szene, Lemmy Kilmister von Motörhead. Die beiden verband eine tiefe Freundschaft; Aufnahmen zu ein paar gemeinsamen Songs helfen ihr über die Trauer hinweg. Dabei ist Lemmy nur ein Beispiel für die Beliebtheit von Doro Pesch in der Heavy-Metal-Szene und darüber hinaus. Immer wieder produziert sie Songs mit anderen großen Musikern, ihre freundliche Art und sicher auch ihr Talent tragen sie weit.

Inwieweit ihr musikalischer Erfolg an ihrem Talent oder ihrer grundsympathischen Art liegt und was da noch so alles eine Rolle spielt, das wird sich schwerlich ermitteln lassen. Ihre natürliche Wärme und Positivität haben ihr aber sicher nicht geschadet. Wo kommt so etwas nun her, wird man so geboren, kann man sich das antrainieren?

Mit 14 Jahren wird der jungen Doro Lungentuberkulose im Endstadium diagnostiziert – sie verbringt über ein Jahr im Krankenhaus mit ungewissen Überlebenschancen. Offensichtlich hat sie es geschafft, sie hat überlebt – vielleicht hat ihr dieses Ereignis diese unerschütterliche Lust an ihrem Leben beschert. Wir hoffen natürlich, dass das nicht der Fall ist, also dass es keine erschütternden und einschneidenden Lebensereignisse benötigt, um seine Sinne für ein gutes und erfülltes Leben zu schärfen. Wir sind der Überzeugung, dass wir nicht gefangen sind in unserer Persönlichkeit und dass unsere Fähigkeiten nicht statisch sind, sondern dass wir die Kontrolle über unser Leben haben und wir diese jederzeit übernehmen können, wenn wir sie mal aus der Hand gegeben haben. Der Blick über die Schulter der anderen, der Erfolgreichen, kann dann immer hilfreich sein.

Bildnachweis

Wir haben uns bemüht, die Rechteinhaber der frei verwendbaren und von uns künstlerisch verfremdeten Bildvorlagen zu ermitteln. Künstlerische Bearbeitung durch die Autoren.

File:Rudolph Moshammer 2000 01.JPG. (2020, October 11). Wikimedia Commons, the free media repository. Retrieved 21:46, November 28, 2021 from https://commons.wikimedia.org/w/index.php?title=File:Rudolph_Moshammer_2000_01.JPG&oldid=486934005.

File:Warren Buffett KU Visit.jpg. (2021, May 13). Wikimedia Commons, the free media repository. Retrieved 21:50, November 28, 2021 from https://commons.wikimedia.org/w/index.php?title=File:Warren_Buffett_KU_Visit.jpg&oldid=560006326.

File:John F Kennedy.jpg. (2021, January 7). Wikimedia Commons, the free media repository. Retrieved 21:54, November 28, 2021 from https://commons.wikimedia.org/w/index.php?title=File:John_F_Kennedy.jpg&oldid=524715702.

File:Clärenore Stinnes - 1930 - por Robert Sennecke - publicado en Tempo 1930 - recortado.jpg. (2021, September 24). Wikimedia Commons, the free media repository. Retrieved 12:48, December 12, 2021 from https://commons.wikimedia.org/w/index.php?title=File:Cl%C3%A4renore_Stinnes_-_1930_-_por_Robert_Sennecke_-_publicado_en_Tempo_1930_-_recortado.jpg&oldid=593119848.

File:Elon Musk at the SpaceX CRS-8 post-launch press conference (25711174644).jpg. (2020, October 1). Wikimedia Commons, the free media repository. Retrieved 22:01, November 28, 2021 from https://commons.wikimedia.org/w/index.php?title=File:Elon_Musk_at_the_SpaceX_CRS-8_post-launch_press_conference_(25711174644).jpg&oldid=476983031.

File:Agrippina minor Stuttgart.jpg. (2020, September 18). Wikimedia Commons, the free media repository. Retrieved 22:04, November 28, 2021 from https://commons.wikimedia.org/w/index.php?title=File:Agrippina_minor_Stuttgart.jpg&oldid=463705221.

File:Rolf S. Eden.jpg. (2020, October 26). Wikimedia Commons, the free media repository. Retrieved 22:05, November 28, 2021 from https://commons. wikimedia.org/w/index.php?title=File:Rolf_S._Eden.jpg&oldid=501576245.

File:Axel Springer and Teddy Kollek 1966-11-08.jpg. (2020, November 6). Wikimedia Commons, the free media repository. Retrieved 22:15, November 28, 2021 from https://commons.wikimedia.org/w/index.php?title=File:A-xel_Springer_and_Teddy_Kollek_1966-11-08.jpg&oldid=510630927.

File:Hans Albers in Savoy Hotel 217, 1936.jpg. (2020, October 30). Wikimedia Commons, the free media repository. Retrieved 22:18, November 28, 2021 from https://commons.wikimedia.org/w/index.php?title=File:Hans_Albers_in_Savoy_Hotel_217,_1936.jpg&oldid=507166601.

File:Ralf Duemmel.jpg. (2021, Oktober 19). Wikimedia Commons, . Retrieved 22:20, November 28, 2021 from https://commons.wikimedia.org/w/index. php?title=File:Ralf_Duemmel.jpg&oldid=600084379.

File:Aristotle Onassis 1967.jpg. (2021, August 29). Wikimedia Commons, the free media repository. Retrieved 22:22, November 28, 2021 from https:// commons.wikimedia.org/w/index.php?title=File:Aristotle_Onassis_1967. jpg&oldid=587148656.

File:More Steve Jobs action... (2197006110).jpg. (2020, October 27). Wikimedia Commons, the free media repository. Retrieved 22:23, November 28, 2021 from https://commons.wikimedia.org/w/index.php?title=File:More_Steve_Jobs_action..._(2197006110).jpg&oldid=504391695.

File:Walther Rathenau.jpg. (2019, April 13). Wikimedia Commons, the free media repository. Retrieved 22:24, November 28, 2021 from https:// commons.wikimedia.org/w/index.php?title=File:Walther_Rathenau.jpg&oldid=345757489.

File:Margaret Thatcher stock portrait (cropped).jpg. (2021, September 18). Wikimedia Commons, the free media repository. Retrieved 09:30, November 29, 2021 from https://commons.wikimedia.org/w/index.php?title=File:Margaret_Thatcher_stock_portrait_(cropped).jpg&oldid=592062048.

File:Jeff Koons 01.JPG. (2020, October 24). Wikimedia Commons, the free media repository. Retrieved 09:33, November 29, 2021 from https://commons.wikimedia.org/w/index.php?title=File:Jeff_Koons_01.JPG&oldid=498720642.

File:Damien Hirst (6712600369).jpg. (2020, September 25). Wikimedia Commons, . Retrieved 09:35, November 29, 2021 from https://commons.wikimedia.org/w/index.php?title=File:Damien_Hirst_(6712600369).jpg&oldid=470485327.

File:Bundesarchiv Bild 183-1990-0425-304, Dr. Regine Hildebrandt.jpg. (2020, September 7). Wikimedia Commons, . Retrieved 09:37, November 29, 2021 from https://commons.wikimedia.org/w/index.php?title=File:Bundesarchiv_Bild_183-1990-0425-304,_Dr._Regine_Hildebrandt.jpg&oldid=451463559.

File:Neues vom König aus Burladingen.jpg. (2021, April 6). Wikimedia Commons, the free media repository. Retrieved 09:39, November 29, 2021 from https://commons.wikimedia.org/w/index.php?title=File:Neues_vom_K%C3%B6nig_aus_Burladingen.jpg&oldid=550766787.

File:Peter Thiel (2014).jpg. (2021, September 16). Wikimedia Commons, . Retrieved 09:40, November 29, 2021 from https://commons.wikimedia.org/w/index.php?title=File:Peter_Thiel_(2014).jpg&oldid=591559549.

File:2015 Doro - by 2eight - DSC5389.jpg. (2020, August 24). Wikimedia Commons, the free media repository. Retrieved 09:41, November 29, 2021 from https://commons.wikimedia.org/w/index.php?title=File:2015_Doro_-_by_2eight_-_DSC5389.jpg&oldid=442950346.